"中国劳模"系列丛书

U0695824

中国劳模

# 机械维修的"活字典"
# 温广勇

夏陶梅◎著

吉林出版集团股份有限公司
全国百佳图书出版单位

图书在版编目（CIP）数据

机械维修的"活字典"：温广勇 / 夏陶梅著. --
长春：吉林出版集团股份有限公司, 2024.3
（"中国劳模"系列丛书 / 徐强主编）
ISBN 978-7-5731-3241-3

Ⅰ. ①机… Ⅱ. ①夏… Ⅲ. ①温广勇－传记 Ⅳ.
①K826.16

中国国家版本馆CIP数据核字（2024）第012302号

JIXIE WEIXIU DE "HUOZIDIAN"：WEN GUANGYONG

## 机械维修的"活字典"：温广勇

出 版 人　于　强
主　　编　徐　强
著　　者　夏陶梅
组稿统筹　东北师范大学文学院创意写作研究中心
责任编辑　石榆淼
装帧设计　刘美丽

出　　版　吉林出版集团股份有限公司
发　　行　吉林出版集团社科图书有限公司
地　　址　吉林省长春市南关区福祉大路5788号　邮编：130118
印　　刷　唐山富达印务有限公司
电　　话　0431-81629711（总编办）
抖 音 号　吉林出版集团社科图书有限公司　37009026326

开　　本　710 mm×1000 mm　1 / 16
印　　张　8.5
字　　数　90 千字
版　　次　2024 年 3 月第 1 版
印　　次　2024 年 3 月第 1 次印刷

书　　号　ISBN 978-7-5731-3241-3
定　　价　45.00 元

如有印装质量问题，请与市场营销中心联系调换。0431-81629729

# 序 言

　　劳动创造财富，劳动创造幸福，劳动创造未来。习近平总书记在2020年全国劳动模范和先进工作者表彰大会上的讲话中指出："全社会要崇尚劳动、见贤思齐，加大对劳动模范和先进工作者的宣传力度，讲好劳模故事、讲好劳动故事、讲好工匠故事，弘扬劳动最光荣、劳动最崇高、劳动最伟大、劳动最美丽的社会风尚。"当今世界，综合国力的竞争归根到底是科技人才和高素质劳动者的竞争。改革开放以来，我们强大的工人队伍用辛勤的劳动和拼搏奉献的精神推动中国制造、中国智造、中国创造走向世界的前列，新时代的中国面貌日新月异。大力弘扬劳模精神、劳动精神、工匠精神，加强高素质技能人才队伍建设，打造一支宏大的知识型、技能型、创新型劳动者队伍，是伟大时代赋予我们的历史责任。

　　劳动模范是民族的精英、人民的楷模，是共和国的功臣。自改革开放以来，广大职工勇立改革潮头，独立自主，奋发图强，勇于创新，其中涌现出一批批全国劳模和大国工匠。他们参与建设了代表中国高度、中国速度、中国深度的一系列重大工程，提升了国家实力，打造了"中国名片"，树立了"中国品牌"，增添了"中国力量"，充分释放出工人阶级的创新活力，展示出大国工匠的强大创造力。他们以工人阶级的满腔热忱在各自平凡的工作岗位上取得了辉煌的成绩，书写了新时代的壮丽篇章。

爱岗敬业、争创一流、艰苦奋斗、勇于创新、淡泊名利、甘于奉献的劳模精神，崇尚劳动、热爱劳动、辛勤劳动、诚实劳动的劳动精神和执着专注、精益求精、一丝不苟、追求卓越的工匠精神，是广大劳动群众在社会生产实践中锤炼形成的弥足珍贵的精神财富，是工人阶级伟大品格的具体体现，是民族精神和时代精神的生动诠释。民族复兴需要劳动模范，祖国强盛需要大国工匠，中国制造、中国智造、中国创造更需要大国工匠的强有力支撑。劳模、工匠等的成长故事、先进事迹中承载的劳模精神、劳动精神和工匠精神，是激励全国各族人民团结奋斗、勇往直前的强大精神力量。

"中国劳模"系列丛书，采用图文结合的方式，讲述全国劳模、大国工匠和先进工作者们的成长经历及他们追梦、筑梦、圆梦的故事，用他们在平凡岗位上创造不平凡业绩的真实故事感染读者，推动形成劳动最光荣、劳动最崇高、劳动最伟大、劳动最美丽的社会风尚，引导广大技术工人和青少年形成劳动光荣、技能宝贵、创造伟大的观念。

"匠心筑梦，强国有我。"新时代是一个万象更新、生机勃勃的时代，也是一个继往开来、创新创业和建功立业的大时代。希望广大读者能以劳动模范为榜样，以大国工匠为楷模，立志技能报国、技术强国，踔厉奋发，勇毅前行，锤炼思想品格，汲取劳动智慧，勇于担当、勤于钻研、甘于奉献，为推进新型工业化和乡村振兴，为加快建设制造强国、质量强国、航天强国、交通强国、网络强国、数字中国、农业强国，全面建设社会主义现代化国家贡献青春力量。

高凤林

中华全国总工会副主席（兼）

中国航天科技集团有限公司第一研究院

211厂14车间高凤林班组组长

2022年11月

温广勇，中共党员，1974年出生于山东省莱芜市（今济南市莱芜区），1992年入职泰安市造纸厂，2002年入职泰山玻璃纤维有限公司。现任泰山玻璃纤维有限公司设备动力部部长、党支部书记、泰安市总工会兼职副主席，十四届全国人大代表。温广勇先后荣获全国劳动模范、齐鲁首席技师、齐鲁大工匠、齐鲁最美职工等荣誉，享受国务院政府特殊津贴。

温广勇独创的"三五一十五"工作法缩短了设备故障停机和维修时间；他创建的拉丝机维修基地，实施德国进口旧拉丝机、"南京"及"萧山"旧拉丝机升级改造项目，让旧设备实现了控制数字化、运行自动化，他因此被誉为拉丝机维修"活字典"。先后主持或参与了70余项技术创新和工艺改进，获得国家建材行业革新奖3项、实用新型专利30余项，撰写的《中大型直接纱窑炉的控制》《南京拉丝机步进控制器故障探讨》等5篇论文发表于国家级专业期刊，著作《温广勇工作法：玻璃纤维拉丝设备的维修与优化》由中国工人出版社出版。

2012年，泰山玻纤创建以温广勇为站长的技师工作站，后被认定为齐鲁技能大师特色工作站。2015年，泰山玻纤建立以温广勇名字命名的"温广勇劳模创新工作室"，该工作室于2018年被认定为"山东省示范性劳模和工匠人才创新工作室"，2019年被认定为"齐鲁工匠创新工作室"。工作室先后承办了机械装配、电气焊等专项技术培训200余次；编制玻璃纤维国家标准4项，国家职业技能标准1项，企业内部工艺技术文件400余份；在国家级期刊发表论文12篇；获得全国建材行业技术革新奖10项，省市科技进步奖13项。

# 目　录

# 第一章　年少沉淀，实践求乐

# 朝花夕拾

不平凡的故事开头往往是从一个平凡人的出生开始的。

1974年6月，温广勇出生于山东省莱芜市，今为济南市莱芜区。位于山东省中部，2019年1月，辖区划归济南市，古称"赢""牟"。这片土地在20世纪60年代曾是中国冶铁业的重要中心，是山东钢铁生产和深加工基地、国家新材料产业化基地。此外，莱芜区还享有"中国生姜之乡""中国花椒之乡"和"中国黄金蜜桃之乡"的美誉。如果追溯温广勇后来从事设备维修的源头，那么莱芜区的工业大环境就为他提供了整体的就业方向，出身于职工家庭则是他从小对设备产生兴趣并最终与它们结下深厚感情的重要契机。

温广勇的父母都是普通职工，父亲在莱芜硫酸厂从事汽车维修工作，母亲则在同一单位从事车床操作工作。父母的工作十分忙碌，有时下班回家了，也会临时返回单位去加班或解决一些突发问题，所以他们几乎没有时间在家照顾年纪尚幼的温广勇。也正因父母的繁忙，小温广勇除了与邻居家以及周围的小伙伴们一起玩，剩下的时间不得不待在家里，尽管有爷爷奶奶陪伴,但年少好动的他却不愿意一直待在家里,也不愿只和小伙伴们玩耍。看着父母早出晚归,他既舍不得又充满了好奇,所以时常跑去父母的工作车间,跟在他们身后,看着他们熟练地摆弄各种各样的工具,完成各种维修与加工工作。因为年纪小,温广勇不免有时出现些状况,父母在工作之余时不时地看着他,偶尔他碰倒东西,叔叔阿姨们都很宽容,对他说:"没关系,但下次要注意,不然会伤到你哦。"小温广勇很懂事,父母和叔叔阿姨们的嘱咐都记在心里,大多数时候他只是在旁边看他们操作,或者在角落摆弄父母给他的废弃小零件。每当他"研究"入迷时,车间里的叔叔就会对他父亲说:"这小孩行,静得下来!"父亲总是微微一笑,谦虚地摇摇头,然后转头看看边上的小温广勇。那时,晦明交杂的车间里弥漫着机油和金属的味道,生产线上下放置了各种各样的零件,与父母一样熟练操作各类机器的叔叔阿姨们有说有笑,这些美好的画面组成了小温广勇童年的大部分记忆。不过,那时尚处孩童时期的他可能还没有明白,自己对设备以及零部件的兴趣或许便源于此。

就在时常跟随父母去车间的日子里,有一段非常有意思的经历给小温广勇留下了深刻的印象——一辆黑色的老上海牌轿车。为什么说它"老"呢?因为上海牌小轿车诞生于1963年,是由上海汽车制造厂生产的。在那个物资匮乏的年代,我国制造出了与苏联"伏尔加"轿车车型相似的小轿车,当时第一辆

⊙ 1973年，温广勇的母亲在工厂进行机床操作

上海牌轿车为手工打造，六缸发动机，后小批量生产了50辆，可以说这是一个非常了不起的成绩。在很长一段时间里，上海牌轿车都是中国轿车工业的一个标志，以规模化的产量与出众的性能，成为中国距离百姓生活最近的轿车。正因它罕见，所以当小温广勇第一次见到这辆车时，它就停在几台绿色吉普车中间，以突出的颜色与非凡的气派狠狠抓住了他的目光。尽管因为出现故障，它曾经驰骋的潇洒不再，发动机的余热也早已消散，如今停放在这无人关注的车间内，但是它身上的历史与文化意蕴仍然保留着。也许缘分使然，小温广勇第一眼见到它，就不由自主地被它深深吸引，即使它已经在父亲单位的修车厂里停放好几个月了。见到它之后，小温广勇抓住每一次去父亲车间的机会。只要早上听见父亲的脚步声，他就立马起床，嘴里喊着："爸爸，等等我！"等到了车间，他便开始摸摸这里、碰碰那里，手里拿块儿布，模仿父亲擦零件的样子，把这辆放置了很久的轿车擦出了一种与车间不匹配的"干净"，他对这辆车的喜爱之情无以言表。

在泛黄的童年回忆里，在不大的房子里，在一地工具与机油的修理厂里，小温广勇跟随父亲以及其他维修工叔叔们研究各种各样的故障机器。他丝毫不在意身上沾染的是机油还是铁锈，也不在意小伙伴们彼此炫耀的玩具，反之，他感兴趣的一直是那辆仍旧停在车间没有维修的汽车。每当观察与研究这辆车的时候，他想象汽车发动机轰鸣的声音，想象它驰骋千里的

⊙ 1984年左右，温广勇小学时期

模样，想象自己驾着它行驶的过程中吹来的风，那一定是充斥每个毛孔的痛快。对于父亲和叔叔们一直不修理这辆车的状况，他不理解，他一直在想：怎样才能修好它呢？有一天，他忍不住问了父亲：

"爸爸，你们为什么不修这辆车呢？"

父亲回答道："这辆车的修理难度很大，就算修好了，也可能无法启动或者上路正常行驶。"

不过，修它的念头并没有在小温广勇的脑海里消失，反而成了一种"执念"。往后每次去修理车间，小温广勇时而明示、时而暗示父亲和叔叔们修一修那辆车。有时看见某位叔叔忙完手里的活儿了，他便走过去，笑着问："叔叔，您忙吗？可以修一下那辆车吗？"或者去父亲身边，逮着空隙就说："爸爸，你可以修好那辆车的。"父亲和叔叔们不敢轻易答应，听他说完后只好无奈笑笑。然而，正是他这份执着打动了父亲。父亲答应小温广勇等空闲时间试着修一修那辆车。不过，他还是留了几分余地："我试试，最后能不能修好可不敢保证，修不好你可别闹。"听到父亲答应修车，小温广勇哪里听得见后半句话，一个劲儿期待着观摩修车过程。

在温广勇回忆童年时，朝花夕拾略带的凄凉感恰恰被他的这份执着代替。提到这些，他会开玩笑地回应："那会儿太犟了，跟牛似的。"但正是这份执着塑造出他在未来的维修工作中刻苦钻研、不肯放弃的精神。反过来，小温广勇的单纯与纯粹也给父母工作的车间带去了不少欢乐，重复、单调的流水线工作不免令人感到无趣，这时小孩子单纯诚挚的笑声似乎安慰了他们，让他们感觉维修并不枯燥。温广勇从纯粹的热爱里衍生出的快乐克服了流水线的单调乏味，亦感染了在场包括父亲在内的每一位工人。

## 作为榜样的父母

　　父母是孩子最好的老师。每个孩子生来都如一张白纸，第一笔色彩总是由父母着笔的，父母的言行举止深刻影响着孩子的认知。曾子杀猪的故事便已说明言而有信、言行一致是父母言传身教的法宝。待一个人长大以后，回过头才发现自己与父母的诸多相似以及父母的影响之大。于温广勇而言，父母既是他人生道路上的引路人，也是他一生的榜样。

　　幼时，小温广勇经常跟随父亲去修车，坐在一旁看着父亲工作。那时，父亲经常在维修出现故障的汽车时，身旁摆着一堆工具，这些工具有的染上机油，时间太久无法清洗，有的则布满了因为有时过于用力而形成的细小缺痕。小温广勇玩耍时抚摸着工具上面的凹陷与凸起，似乎感受着那些力道的方向。父亲则一会儿拿起钳子，一会儿拿起扳手，熟练地操作着。在小温广勇眼里，父亲维修时动作灵活，他手里的维修工具来回变换，一个接一个地被用来摆弄车上的零件，而且他总能在一堆工具中快速找到目标，手向下一伸，再往上一抬，几秒便换了工具，看得小温广勇连连赞叹，惊讶不已。即使处在这种沉默、时刻变换工具的修理过程中，小温广勇也并不觉得无聊，他反而兴致盎然，有时还会化身"十万个是什么"：

"爸爸，这个是什么？"

"这个叫单向器，是把汽车引擎的动力以开关的方式传递至车轴上的装置。"

"那这个呢？"

"哦，这个是轴承，是各类机械装备的重要基础零部件。"

……

考虑到当时温广勇年纪尚小，父亲并未做过多解释，但也绝不会忽视他的问题，对他的问题都一一回答了。于是，小温广勇这个"十万个是什么"的好奇鬼，时不时就会问问父亲手上或脚边的各种零件是什么，当然有时也会跑去问问车间的叔叔阿姨，他们都不厌其烦，及时回答了他。不过小温广勇最感兴趣的并不是零件本身是什么或它们是用来做什么的，而是它们如何从简单的零件成为一个整体，即安装、修理的步骤与过程。因此，在看父亲维修时，他常常会关注修某个部位时使用工具的先后顺序，耳濡目染下他不仅熟悉了零件，还记下了一些维修步骤。

在温广勇的记忆里，父亲除了专注维修，有时还会跟车间的叔叔们共同研究、讨论出现的问题，寻求解决方法，偶尔还会争执不休。印象最深的一次，便是父亲答应他修理那辆摆放已久的上海牌轿车后，父亲挑了个时间，与当时在车间的叔叔们一起讨论如何修理。基于想把这辆车修好的共识，他们展开了激烈的讨论，之所以称为激烈，是因为父亲与几个叔叔产生了分歧。

当时父亲站在轿车旁，指了指车头，说："我觉得应该先拆掉整个车头，检查里面的零件。"有个叔叔听完，提出了反对意见："不行，全部拆掉太麻烦了，零件也很多，拆的时候一不小心就乱了，拆了又装，耗时也耗力。我觉得还是先检查外部，拆一部分。"

父亲没有立刻反驳，想了想，还是坚持自己的想法："这样，我先来说我的理由。第一，这辆车是老牌子，构造与现在常见的不同，不拆出各个零件，可能发现不了故障的原因。第二呢，零件过多的话，可以分批次、部位放置在固定区域，咱们分工各管一块儿，这样就避免了混乱。第三，确实，先拆车头耗费的时间精力太多，但是不这样的话就不可能修好，而且这一次尝试，如果发现一些不常见的故障，说不定有利于提升我们的技术呢！"

父亲的这些理由说服性很强，但仍有人犹豫，担心不仅修不好，反而拆完后装不上，虽然厂里没有要求一定要修好这辆车，但损坏了放置在这里的故障车，终究也不好向厂里交代。看着他们你一句我一句，争得面红耳赤，小温广勇既觉得好笑，又有点儿自责。他原本只想修好这辆车，却忽视了修理的难处。另外，他此时尚不明白团队合作时每个人的意见都很重要，维修这辆车的难度大，所以一向和善的父亲与叔叔们才会因为修一辆汽车而"吵"起来。争执了一会儿，父亲与反对的叔叔各退一步，想了个折中的方法：先拆一部分试试。

于是，父亲与叔叔们开始分工。他们拿来一堆工具，分用途摆放。由于他们打算先拆一部分，所以工作量并不是很大，大家默契地配合着，有的与父亲一起商量着先拆哪颗螺丝，有的负责递上相应的工具。可是在他们的一番操作下，这辆老轿车还是未能修好。见此情况，持反对意见的叔叔犯难了，这一挫败令他有些不服气，当即对父亲说："还是不行。那就试试你刚开始的想法，把车头拆完，看真正的问题到底出在哪里。"于是，父亲立马按照最初的设想，一步一步地将车头拆卸完，分开摆放各种零件，每拆一步，便和叔叔们一起分析、记录拆解的情况。当时，面对着操作面板上繁杂多样的指示灯、操作按钮，父亲的额头汗珠密布，可手中的动作却毫不慌乱，依然行云流水，这在小温广勇看来十分神奇。修车过程的确不易，父亲和叔叔们是趁着工作之余修理这辆车的，时间终究不充足，只能一天天推进。在整个维修过程中，热心关注维修的小温广勇一天都没有缺席。

终于，在父亲和叔叔们夜以继日的努力与不断尝试下，这辆老轿车从颓败的"宝贝疙瘩"变成了亟待人踩的"风火轮"，小温广勇也终于实现了观摩这辆汽车维修过程的愿望。在父亲的带领下，他坐上了这辆车的后座，跟父亲一起试车。为了保证安全，父亲选了一条很少有人走的路，并且估计了距离，不至于开得太远。看着这辆老轿车在父亲与叔叔们的不懈努力下能够再次上路行驶，从几个月前的那副破败模样变得焕然一新，小温广勇完全被父亲手中那种"化腐朽为神奇"的技能所折服。自此，他对父亲的敬佩之情，以及对机器操作与维修工作的向往之情更加强烈了。

给温广勇留下深刻印象的，不仅仅是父亲的维修工作，还有那间几乎承载他童年记忆的修理间。那时候，车间的工作环境恶劣，修理间封闭狭小，空气难以流通，使得修理间内的温度非常高。小温广勇每次进去，只是站在旁边看着父亲操作就热得受不了，而父亲还要穿着厚重的工作服拆装各种沉重的器件。在他的记忆里，父亲汗流浃背的模样早已是家常便饭，偶尔还会因高强度劳动与闷热环境而体力不支。可即便这样，父亲依旧全身心投入维修工作，每一位参与维修的叔叔亦是如此。在令人有些难以忍受的车间里，他们的维修工作从未停歇。当时年幼的温广勇并不理解这份对工作的热情和坚守。当深切清楚、理解这背后的含义时，他已手握工具、身担重任了。

类似的经历在温广勇的成长过程中不止一次出现。除了父亲高超的维修技术和对维修的专注外，母亲对于加工件精益求精的要求也对温广勇的成长起到了极大的引领作用。

与父亲修理工作不同的是，母亲在厂里从事车床加工工作。车间加工的工件难度大，生产任务也很繁重，有时为了赶进度，需要连续加班，可母亲从不抱怨。很多次晚上，厂里有设备故障、急需加工工件时，就会有人在他家门口喊上一嗓子，这时无论多晚，母亲都会立马赶回车间。有一次，母亲见小温广勇在旁边摆弄着手上的零件，一副疑惑的样子，便问他："你知道这是怎么做出来的吗？"

小温广勇先是摇了摇头，随即拿起边上的图纸，回答："我知道了！照着图纸做出来的！"母亲笑着说："回答正确。把图纸上的工件做出来是非常有意思的。把一个不起眼的钢坯固定到车床夹具上，通过图纸核对、车铣刨磨等全套流程，最终就能做成车间用的配件。"母亲一边说着一边向他演示了这一过程。母亲操作得很谨慎，时间有点儿长，小温广勇便开始有些着急了。见他如此，母亲演示结束后，便说："这整个过程，必须沉得住气、耐得住寂寞，同时还要手眼灵活，遇到问题随时调整。当这个配件实现它的价值的时候，你会觉得这是件很有成就感的事情。"小温广勇听完，认真地点了点头，这是母亲教他"认真专注"的第一课。除了随时回到岗位，母亲在工作中也始终一丝不苟，对产品质量要求很高，对于可能存在问题的加工件宁愿回收，也不会任其流向下道工序。特别是在特殊器件或者技术攻关期间，她更是小心谨慎，反复测量，唯恐出一点儿差错而造成整体设备装配环节出问题。

　　童年记忆中，父母工作的认真专注与精益求精，深刻影响了温广勇。他之所以喜欢和设备打交道，并在往后的工作中继承和坚持着那份认真，正是因为早年父母的言传身教。父亲一手优秀的维修技能和母亲精益求精的严谨态度不仅让他一生难忘，而且在他身上延续了下去。

## 乐在集邮

　　日常生活中，人们有着不同的爱好，或喜欢读书，或喜欢运动，或喜欢书法。这些爱好对于成年人来说调节了他们工作之余的疲累，从中得到闲适与乐趣；于小孩子而言，这些爱好给予他们美和愉悦的享受。在过去手机、电脑还没有这么普及的时候，各种乐趣的来源可谓五花八门。而小小年纪的温广勇，除了常去父母工作的车间看维修外，还有一个非常独特的爱好——收集邮票。

　　小时候，父母忙碌无暇顾及小温广勇，于是他有了大把时间在家里折腾、拾掇。父母上班之后，家便成了他好奇、探索的宝库。一天，小温广勇不经意间发现了父亲珍藏的一个笔记本，翻开一看，上面是一些工作记录，因为识字不多，这个日记本并未给小温广勇留下什么印象，但夹贝中插着的各种周边有齿的彩色纸片倒是牢牢吸引住了他的目光。小温广勇很好奇这是什么，待父亲下班刚开门，他便拿着"纸片"，冲过去问："爸爸，这是什么？"

"这是邮票。"父亲见他着急，回答完才放下手中的东西。

他这才知道这叫邮票，而且是盖销票。好似触动了小小年纪的他爱好"收集"的一根弦，甚至吃饭、睡觉，小温广勇都惦记着如何将那些邮票"占为己有"。经过多次软泡硬磨，小温广勇终于成功得到了那些邮票。同时，父亲也教给他不少集邮知识。例如，印在邮票票面上的表现主题内容的图画叫邮票图案，旁边附有相关文字和面值，有的则是在邮资信封、邮资明信片、邮资邮简上的图案。印在邮票底边上的编号是邮票志号，一般表示票种、发行年份、套号、枚号。在邮票上印刷邮票志号，是我国邮票的一大特色。另外，还有邮票铭记、面值、齿孔、水印等，这些蕴藏在小小邮票里的知识如此丰富，小温广勇立刻兴趣大增，从此爱上了收集邮票。

一枚邮票虽然只有小小的方寸大，内容却并不单调。不同的邮票绘制了各种各样的图案，承载了丰富的知识内容。最初，小温广勇只是单纯的收集邮票，后来在父亲的解释下，他才明白集邮可不仅仅是"收集"。首先，从信封上取下完整的邮票就是个技术活儿。其次，要将收集的邮票进行整理、分类，装入集邮册里，再加上文字说明。最后，还可以通过集邮积累各种知识，方寸之间承载了一个少年的热爱与执着。透过那些精美的画面，小小少年看山、看海，试图了解外面的世界，心中充满憧憬。

一开始，父母都觉得小温广勇收集邮票的兴趣不过是小孩子好奇心强，一时的心血来潮，便没有放在心上。但是，他们偶尔还是会帮他把信封上的邮票撕下来，好好保存着带回家，这是小温广勇最初收集邮票的重要来源。过了一段时间，父母才意识到年纪尚小的温广勇对邮票的喜爱已经到了一种痴迷的地步，在路上遇到熟人先问的是"你家近期有来信吗""信上的邮票可以送给我吗"这类问题，令人啼笑皆非。

有了父母与亲朋好友的"赞助"，小温广勇收集的邮票种类越来越丰富。他将剪下的邮票放在水里浸泡，用镊子小心翼翼地将邮票与信封分开，再将邮票放到通风的地方晾干。这些工作步骤看似简单，过程却需十分谨慎，因为想要得到一张完好无损的邮票，必须集中注意力，进行十分小心细致的操作，否则不但取不下邮票，还会不小心将邮票撕破。小孩子通常好动，容易耐心不足，注意力集中时间短，但小温广勇为了收集邮票，竟可以专心致志地坐在桌子前待一下午。当一个稚气未脱的少年静静坐在那里，透过窗户的阳光落在他的脸上时，未来他专注工作的模样似乎与此刻这一画面融合了。他手上的动作不缓不急，将桌上、水里的邮票一一分开，又在桌上将一张张邮票铺开，这个简单却细致的取邮票的过程构成了小温广勇童年记忆的关键一环。现在想来，恰是邮票收集过程中的收获感与耐心坚持给予了小温广勇平静、执着的力量，他真正体会到了心底那份热爱带来的愉悦。

过了几年，小温广勇发现收集邮票的小伙伴们除了收盖销票之外，还有纪念票。而这种成套的纪念票需要花钱购买，这对于囊中羞涩的小温广勇来说，只有羡慕的份，家里的条件并不允许他向父母额外讨要零花钱购买邮票。可是，小伙伴们集邮册里更加新颖、花色更加丰富的套装纪念票充满了诱惑，竟成了他挥之不去的执念。对于这份喜爱的东西，他实在不想放弃。所以，为了可以尽快添置纪念票，增加"炫耀"的资本，小温广勇开始了漫长的攒钱之路。过年时的压岁钱、平时的零花钱，甚至是用来买饭的钱都被他省下，一点点积攒起来。尽管有时肚子饿得咕咕直叫，但他心里想的却是什么时候可以把准备发行的纪念票买到手。正所谓功夫不负有心人，在小温广勇的坚持与努力之下，他的小小房间里的书架上添置了一本又一本满满当当的邮票集，其中便包括了纪念票。

直到现在，温广勇工作之余也会时常翻看以前的集邮册。每每看到它们，他都能回忆起当初收集邮票过程中的难度和热情。这一枚枚邮票都源于执着与热爱，也是从那个时候开始，对于喜欢的事情，温广勇总会付出十分的热情与千万倍的努力。可以说，集邮带给温广勇快乐和知识，也培养了他的耐心与坚持。后来从事维修工作时，即使面对各种各样的困难与挫折，凭着心中的热爱与执着，他也能坚持并最终克服。

# 第二章　学海漫漫，业精于勤

# 初试维修

雏鹰尝试了多少次起飞，才能搏击云霄；鲤鱼历经多少次跳跃，才能跃过龙门；花草经历了多少次风吹雨打，才能灿烂盛放。同样，温广勇在多次维修中认识到了细致与耐心的不易，也认识到了知识与实践经验的重要性。

小学时，温广勇有时间常去父母工作的车间玩耍，也有着自己集邮的爱好。可是上初中后，课程相比小学陡然增多，学习任务较小学也更重了些。那时候，他以为除了语文、数学，其他课程都是副科，学习副科完全是凭兴趣，他对英语有些畏难情绪，兴趣索然，导致之后他一看见英语就发怵。相反，他特别喜欢物理课，也许是父母工作特点的影响，也许是小时收集邮票磨炼出的耐心与坚持，他不仅对各种图纸和实验特别感兴趣，而且在面对一些复杂的图样时有足够的耐心思考、仔细观察。稍稍长大后，他便想着动手实践，对家里能称之为"设备"的电器可谓相当有热情，放学回家看见它们，便总想摆弄摆弄，看看里面是什么样的结构。尽管父母经常提醒他不能动、不能拆，但这些提防性的嘱咐终究拦不住那颗好奇与尝试之心。最终，在强烈好奇心的驱使下，温广勇还是伸出了小手，家里的很多电器也毫不意外地在他的摆弄下一个接一个地丧失了功能。

然而，事情往往具有两面性，温广勇虽然无意弄坏了一批，但同时也能修好一部分。比较典型的一个例子就是修家里的一台晶体管收音机。温广勇一家经常在吃饭时打开收音机，听些音乐或故事，那些动听的歌曲、评书《杨家将》等都是通过两个黑乎乎的喇叭发出来的。时间久了，温广勇便开始好奇：收音机里面的构造是什么样的呢？

于是，趁着父母不在家的一天，在工具已准备齐全的情况下，温广勇开始小心翼翼地进行拆解操作。由于没有真正学习过拆卸，他便模仿父亲的操作过程，将拆卸下的螺丝逐个放进小盒里。待后盖板拿掉之后，从未见过的各种玻璃圆柱体、花花绿绿的小器件展现在眼前，他感叹道："我竟然一个都不认识！"无奈，他只好看看这里，摸摸那里，新奇得很，最后看到各个小器件间积存的灰尘，不忍心仅是看看，便拿布全部擦干净，这样才勉强心满意足，最后又小心翼翼地恢复收音机的原样。可是，意外发生了！在他装完所有的零件，合上后盖，再次插上电源时，他傻眼了——收音机不但发不出声音，甚至连开机指示灯也不亮了。他有些急了，急忙用手左拍拍、右拍拍，仍不见效果。这时的他想不出问题出在哪里，情急之下脑门瞬间冒汗。他只能冷静下来，再次仔细回想整个过程："应该没有错误的操作啊，为什么就罢工了呢？爸妈回来可咋办？晚上的《杨家将》也听不到了！"想了半天，他毫无头绪。没办法，他再次拆开收音机探查原因，可是很长时间过去了他也没看出个所以然来，只能再次恢复收音机的"原貌"，提心吊胆地等待父母回家后即将掀起的疾风暴雨。

奇怪的是，待晚上饭菜上桌，评书时刻来临，温广勇却没有迎来下午脑海中想象的即将发生的疾风暴雨。父母只是默默吃饭，并没有批评他。此后，生活平静地延续，而那台收音机却似消失了一般，待在角落里"默不作声"。时间久了，无法听到《杨家将》多少还是令人有些不大习惯，所以温广勇的父母商量着再买一台收音机。这时，不服输的温广勇还是想继续研究，看看到底是哪里出了问题。因为对内部的器件实在是一无所知，他眉头紧蹙，想不出方法来。突然，他灵光一现，他想到了物理老师，想着老师应该有办法。于是，下课后他联系了老师，告诉了老师自己的想法，老师听后立即表示愿意帮助他。之后，老师午休、放学后的时间就成了给温广勇这个"小白"普及电子知识的"加餐"时间。从那时开始，每天回到家后，他就抱着收音机回到自己的卧室，关起门来开始拆卸、对照测量，一步一步进行实验。在认识了绝大部分器件、耗费了大量时间之后，温广勇竟真的找到了问题的根源：原来是整流电路上的一个焊点松了。于是，他找到父亲，请父亲下班后把电烙铁带回来用一下，父亲当时很纳闷地问："你要那个做什么？"温广勇神秘地笑了笑说："别问了，拿回来你就知道了！"下班后父亲把电烙铁带回来，才知道他竟还没放弃修收音机，惊讶之余帮助他重新焊接那个焊点。

经过一个多礼拜的仔细观察与学习，还有物理老师的指导，温广勇最终将收音机修好了。当收音机再次开机，黑乎乎的喇叭再次发出声音的时候，他高兴坏了，一股兴奋感涌上心头，之前的多番尝试没有白费，他想，这便是当初母亲说的那种成就感了吧。

修收音机是温广勇第一次尝试维修，可完成维修却尝试了不止一次，他在"两拆两装"仍无解时，开始利用外部资源，集合了知识、经验，反复尝试。纵观古今，凡有成者，他们无不具有勇于尝试的精神。譬如，人们都推断电与磁之间存在联系时，奥斯特勇于尝试，证明了电流对磁有力的作用，为发电机的产生奠定了基础。正是勇于尝试，才使得奥斯特为人类推开了一扇新的大门，也正是勇于尝试，奥斯特才打开了电与磁的神秘之锁，推动了社会的进步与时代的发展。同样，正是勇于尝试与不懈坚持，使温广勇找出问题并解决问题。这段初试维修的经历，深深地烙印在温广勇往后的维修生涯中。

# 知行合一

知，即认识、知识；行，即实践、行动。知识是引领行动的方法，行动是领悟知识的途径。两者相辅相成，缺一不可。当初初试维修正是由于温广勇将"知"与"行"结合起来，才能够最终成功。而他尽管因那次成功而欣喜，却并未停留在这件事上沾沾自喜，而是继续学习、实践。

时间过得很快，转眼到了初中毕业之际，由于温广勇比较偏科，学业成绩不均衡，加上自身对维修的兴趣，所以他与父母商量着学一门技术，好在父母都比较支持。同时，温广勇父母的工作单位有工人子女进入对口技校的渠道，于是1989年下半年，温广勇初中毕业后进入了泰安市化工技工学校，并选择了仪表专业。

泰安市化工技工学校所在的泰安市位于泰山脚下，依山而建，"泰安"这个名字寓意国泰民安。泰安市化工技工学校后来并入泰安市高级技工学校。而仪表专业以光、机、电、算为学科基础的人才知识结构，培养基础牢固、知识面广的宽口径人才。温广勇选择这个专业，一是自己兴趣所在，二是一些著名科学家指出，"仪器仪表是信息产业的重要组成部分，是信息工业的源头"，可见其发展潜力。

在技工学校的三年是温广勇成长最快的一个时期。因为从小对物理学科以及维修特别感兴趣，所以温广勇学习起来并不觉得累，反而津津有味。当时技工学校里多数学生的父母从事与技术、维修等相关的职业，耳濡目染下，这些学生对所学习的专业也比较熟悉、感兴趣，都比较喜欢学习这些技能知识。所以学校的整体学习氛围非常好。课间、午休时，大家会经常聚在一起讨论学习内容和问题，比如如何理解个别深奥的理论，或是如何能够把理论知识运用到实践之中。除了讨论问题，他们也会积极实践，组装各类电子功能板以实现各种功能，或者参加学校比赛。那时，温广勇遇到了许多专业知识指导下的实践机会。

那是上技校的第二年——1991年的暑假，温广勇叔叔家里的彩色电视机坏了，没有送去修理，而是直接买了一台新的电视机。温广勇去叔叔家玩的时候，恰好看到那台坏了的电视机，他觉得自己学习了专业理论知识应该可以修好它。于是他跟叔叔商量，把这台电视机带回家自己试着修理，说不定能修好。叔叔想着，与其扔掉，不如给侄子练练技术，便一口答应了。带回家后，温广勇一番操作仍然无果。他深感在学校学习的专业知识不仅不够，而且跟家电类的维修有着很大的区别。随后，他咨询了几位专业老师，找寻解决方法。老师们给温广

⊙ 1992年，温广勇技校毕业

勇讲解了一些基本知识，推荐了几本关于家电维修的书籍。待书籍一买回家，温广勇就开始通篇翻找类似的故障案例，并找了笔记本，将书上的解决办法、流程一一记录下来，等汇总得差不多了，他便开始实际操作了。21英寸的老式显像管电视，个头笨重，待拆完后壳上的螺丝，温广勇累出了一身汗。他小心翼翼地拿下后盖，覆盖着厚厚灰尘的玻璃显像管露了出来，上面印着一个大大的感叹号和四个大字——高压危险。看到这个感叹号和四个大字，温广勇蒙了："多高的电压？会爆炸吗？"稍稍冷静之后，他认为还是需要再去收集些资料，初步预测下危险程度。在这之后，足不出户成了温广勇这个暑期的常态，一有空他就抱着那几本书翻翻看看，再对着线路板进行实际操作练习。修电视机的难度远比之前修理收音机的大，所以书店、家电维修店等成了他经常光顾的地方，老师、父母也成了他经常请教的人。

这期间，温广勇通过书籍、老师等学到了很多知识。同时，他通过实操总结了很多经验，他在修电视机时并非盲目地修，而是紧密结合着书本上的知识，通过仔细观察、多次实践，真正做到知行合一。

就在知行合一"结出成果"之前，温广勇已经多次因"灵光一现"从床上爬起来进行尝试，毫无头绪之后再躺回床上，如此反复。当他再一次从床上爬起，迷迷糊糊中将一个电解电容不小心焊反了管脚，通上电一开机，"砰"的一声，他的整张脸和头上都挂满了电容炸裂后迸出来的绝缘材料。惊魂未定下，温广勇好半天才想起照镜子，看看有没有把脸炸花。已经熟睡的母亲听到声音后迅速来到温广勇的房间，看见他当时狼狈的样子，既心疼又想笑，而温广勇望向母亲，不知怎么解释，只好微微一笑。

此事过后，温广勇冷静下来，及时反思，总结出"心急吃不了热豆腐"的教训。他反复回忆自己所做的尝试，更加小心谨慎地开展后面的实验，在实验之初做好简单的推演以及防护措施，同时做好单兵作战的应急处置方案。虽然维修过程中发生了一些啼笑皆非的故事，但好在有意外也有惊喜，终于在更换大量器件之后，电视机随着一声清脆的启动声，图像、声音恢复如初。此时，这一个暑假的辛苦、零花钱的付出和浑身的疲惫瞬间不值一提了。温广勇凭借理论学习和实践操作能力，修好了这一台在当时比较高档的电视机。这次的成功成了温广勇父母向邻居们"炫耀"的资本。从那以后，街坊邻居们家里损坏的电器都会先送到温广勇家让他试试，他也乐于接受挑战并帮助他们。

⊙ 1992年，温广勇（右）技校毕业入职造纸厂

## 入职勤学

维修家电的经历加上在学校学习的理论，都给温广勇带来了丰富的知识和实践经验。1992年毕业后，他顺利入职了泰安市造纸厂。

泰安市造纸厂成立于1983年2月10日，主要产品涉及文化、工业、生活用纸三大类十多个规格品种。20世纪90年代初，泰安市造纸厂准备新上一条造纸生产线，该生产线区别于之前单缸造纸机的生产，不仅配置多缸烘干，制浆工艺还增加了大量流量检测、速度控制等器件，自动化程度有了很大提升。设备的更新急需专业人员操作，于是工厂将目光投向泰安化工技工学校仪表专业的学生。当时温广勇在学校学的正是仪表专业，机缘巧合下，毕业后恰好分配到该厂电气车间从事电气维修工作，又刚好赶上了新生产线的学习和调试。新环境给他带来了好奇与兴奋，也向他们这一代工人提出了新的要求。

从一名懵懵懂懂的学生成为工人，温广勇满怀期待与憧憬，此时的他认为专业对口就能够学以致用。他十分珍惜这份工作，因为在当时称得上是一个"铁饭碗"。青春年少的他一心扑在工作上，想着早日把理论知识运用到实际工作当中。除了这个想法，温广勇并没有什么其他的奢望，他的目标也很简单，就是希望自己上班后能成为一名合格的维修电工。然而，让他没想到的是，这样一个简单但坚定的目标，不仅帮助他最终成长为优秀工人，也无形间塑造了他身上的新时代劳模精神、劳动精神和工匠精神。

那个年代，工厂技艺传承大多是一对一的"师带徒"体制，但"师傅领进门，修行在个人"。温广勇的师傅时立国，时任造纸厂电气安装班长，当时便带着温广勇在工厂的各个生产环节实习，他去哪儿温广勇就跟到哪儿。与学校教学不同的是，时立国的工作培训以实际操作为主，平时他们会一起动手维修，打开设备，一一核对各部位零件，凭借储备的知识与丰富的经验先判断哪里出现了问题，再对症下药开始维修。设备故障有很多不确定因素，照本宣科显然没多少用处，温广勇从学校学的那点儿理论知识，能直接用于实际的很少，所以他最初工作时缺乏理论与实际结合的系统观念，技术上比较生疏。理论与实践在工作中的差异悬殊，加上缺乏经验，刚开始温广勇只能跟着师傅干一天算一天，师傅让干什么便尽快、尽力处理完。

新生产线调试过程中，按照所学专业，温广勇被分配到生产线上制浆工序的"三段漂"①环节。这一环节工艺流程说明很简单，不过生产线很长，涉及仪表控制环节多，中心控制室

---

① 含氯漂白剂，包括氯、次氯酸盐和二氧化氯。由于氯和次氯酸盐来源丰富、价格便宜，漂白效率较高且成本较低，一直是纸浆漂白的主要化学品。直到20世纪80年代，由于漂白废水中有害的有机氯化物的发现，氯和次氯酸盐的使用才逐步受到限制，代之以二氧化氯和氧、臭氧和过氧化氢等含氧漂白剂。

设在四层楼的顶层。中控室内集中了整个系统的压力、温度、流量等参数的上传，各种阀门、泵等的精确控制，但各个控制节点又在不同的楼层。当时温广勇和同事们的任务是把逐个控制回路打通、调准，因为是造纸厂新设的生产线，老师傅们没有相应经验提供，他们的调试很不顺利，只好每天往返控制室数十趟，到各个楼层、各个柜子一一查看。每天迈着上万步台阶，到了夏天，经常汗流浃背、挥汗如雨，工作服跟水洗了似的。但是温广勇和同事们好似对温度无感，他们每天问得最多的问题便是："那个器件是什么？在哪里？"

在每天的忙碌中，温广勇最初是一头雾水，他发现书本上学的知识和实际中见到的根本对不上号，遇到实在弄不懂的地方，就先记下来，等厂家调试人员来了后软磨硬泡，认真且虚心地讨教一番。由于当时温广勇仅是技校毕业，又是新员工，所以他面对一些老师傅常常不敢请教，遇到困难尽量自己克服。但如果实在找不到头绪，他也不会再考虑面子或者不好意思，就直接去找师傅和同事帮忙。凭着这股初生牛犊不怕虎的精神，温广勇完成了任务，做好了系统调试工作。也正是这样一点一滴地积累使他对手上的工作慢慢熟络起来，能够将此前学习的理论知识与工作中学到的实践知识有机结合，逐渐掌握了工艺系统控制的先进原理、异常排查流程等，逐步实现向职业工人的转变。

人生不如意事十之八九，温广勇在工作中亦非一帆风顺。

有一次，师傅带着他和另一位同事去修打浆设备，当时操作工反映纸浆流量不稳，他们过去检查，发现是一个控制阀动作异常，进一步排查后，他们一致认为更换控制器应该就没问题了。时立国交代完这些，便因为其他事情走了。温广勇和同事按照要求拆开检查，把新的控制器按照之前的接线恢复安装，当时他想："反正我大致懂得理论原理，把其他地方拆开也看一下！"有师傅的带领，加上刚进入工作的澎湃激情，温广勇认为自己此时已经算得上熟练了，于是敢大胆尝试。谁知当他打开打浆设备时，不知道碰到了哪里，控制阀突然自动打开，罐内的纸浆喷涌而出，顺着他的头顶浇了下来。他当场就蒙在原地，一旁的同事赶紧将阀门关闭，急匆匆地喊来时立国。他们重新把机器检查了一遍，排除故障后，机器总算正常运转了。纸浆工序的操作工们见到温广勇浑身滴滴答答、挂满纸浆的滑稽模样，都哈哈大笑，师傅与同事也忍俊不禁，当时的他恨不能找个地洞钻进去。

正所谓"一朝被蛇咬，十年怕井绳"，后来的一段日子里，温广勇的情绪很低落。工作中一旦碰到棘手的维修问题，他总是有些畏首畏尾，打不起精神。平时吃不好也睡不好，即使是基础的调节阀调试他都打怵。时立国看出了温广勇的状态不对，作为过来人，他告诉温广勇："在工作中犯错误是难免的，认识到错误积极去改正，做好当下，把以后的工作干好才是最重要的。"温广勇听后，既感动又羞愧，当时因为自己的

⊙ 在造纸厂工作期间，温广勇（二排右一）所在电气车间的合影

冲动才会引发机器更多的故障，师傅不仅没有责怪他，反而转过头来安慰他。多年以后再想起此事，他很感谢师傅的教导，犯错不可怕，陷入自我怀疑、停滞不前才最可怕。犯错反而是有帮助的，可以锻炼独立思考的能力，也可以磨炼出坚强的意志。只要在纠正错误后，多反思自己为什么会犯错，事后回看自己的能力是否有所提升，如果有就实现了犯错的价值。很多事情，犯了错误才会知道具体问题在哪里，到底应该怎么做才能解决。温广勇时常感慨：生活道路上有很多不容易，同时又包含着很多的人生哲理。

"玉不琢，不成器；人不学，不知义。"师傅时立国的鼓励激发了温广勇的学习动力。工作之余，他抽空抓紧学习，不断丰富自己、完善自己，踏踏实实地把手里的工作完成好，在岗位上认真做好本职工作。时立国非常支持温广勇的学习，他不仅将多年的维修经验倾囊相授，而且还教导他做好当下、爱岗敬业，在最平凡的岗位上干好手中的工作。直到现在，温广勇都牢记着师傅的谆谆教诲。这段经历也让他大有收获，在脚踏实地中成长，成就更好的自己。

之前留下的阴影在师傅的鼓励与接下来的一次维修中消散。如往常一样的工作日里，温广勇和同事们接到维修任务：一台造纸机速度不稳定，传动控制柜内数显转速仪显示异常。温广勇和同事们赶到现场后，立刻拆开仪表检测，一致认为是显示仪表损坏。但是，更换完毕后，故障依旧。他们随即对柜内线路进行检查。打开柜门后，温广勇和同事们发现是柜内散热不好导致部分线路出现故障，且旧柜子里的线路密密麻麻，没有线号。之前的维修都是在前次基础上依照原线路展开，线路敷设、导线选择相对比较随意，多次维修后使得线路杂乱无序，所以即便一一对照图纸也无从下手，只能找之前修理设备的师傅请教，或者一根线一根线地梳理。

正因此，每次遇到这类老设备维修，大家都很头疼，能躲则躲，实在躲不过，只能硬着头皮慢慢地捋。在碰到过几次这类维修之后，温广勇觉得要是继续这样下去，维修人员会一直处于麻烦中，得想想看能否找个方法彻底解决问题。和同事们一番商讨后，温广勇自告奋勇，站出来对大家说："一直这样太耽误时间了，我想了个办法，咱们可以在修设备的时候，记录下拆卸时的线路，手绘电气图，根据绘出的图纸，慢慢把全部设备的线路整理清楚，下次哪里出现问题，就对照这些图纸检查。"这一想法虽然看似麻烦，但实际上可通过时间积累出研究成果，方便大家以后处理问题。这样明确分工后，温广勇和同事们对着如麻的线路耐心拆解，一根一根地做好标记，反复比对，齐心协力把线路梳理清楚，最终完善了电气图纸，线路也完成了规范整理。当线路清晰、数据也显示正常时，现场的领导对他们进行了表扬。但是，这些拆解说起来简单，放在实际操作中却复杂烦琐，温广勇深知这一情况需要有人站出来带头解决，即使可能存在反对意见或因此将承担更多的责任，但他依然选择了站出来。同时，他也明白每项工作的完成离不开日积月累的知识积淀和平心静气的心态，成绩的背后需要默默付出，更需要坚持与反思。

后来回忆起1992年至2002年在造纸厂工作的日子，温广勇发现原来三千多个日夜如此匆匆而过。回首过往，甜美的果实在汗水浇灌后变得饱满，美丽的青春在奋斗中着色。那些年，他几乎将所有的时间与精力投入本职工作中，从中摸索、学习和总结，做了十几本学习笔记，并时常回顾笔记记录的难题与解决措施，不断积累电气设备的维修知识。十年的时间，他从学生到职业小白，最终成为维修骨干，逐步掌握了继电控制、各种流量计、变送器的故障排除等维修技能。十年的时间里，他在强电维修和弱电调试等方面的能力得到了有效提高，为将来从事更多设备维修工作奠定了基础，积累了他一生受用的宝贵财富。由此可见，"业精"在勤，"行成"在思，唯有一点一滴地、长期持续地努力，反复思考工作中的问题并持之以恒地寻求解决办法，才能真正做到"精湛"二字。

# 第三章 石以砥焉，化钝为利

## 缔结良缘

古语有云："修身、齐家、治国、平天下。"对温广勇来说，他或许做不到后两者，但前面两个一直是普通人的一生所求，所以他不仅对自己的工作付出了独一无二的专注，还对自己的家庭付出了努力。

1992年，刚刚成年的温广勇入职泰安市造纸厂。到1999年，25岁的温广勇已经在造纸厂工作了7年，7年的时间已经让他从一个刚刚毕业的学生慢慢成长为一名合格的技术工人，彼时的他在同龄人眼里也算是大龄青年了。

于是，他成为父母、亲戚和同事的催婚目标。

其实，毕业参加工作后，温广勇就感觉自己突然间变成了一个大人，不仅是脱离学校生活投入工作这么简单，心态似乎也变化了不少。老人们当年常常挂在嘴边上的一句话"男人先成家后立业"，时时"被迫"回响在温广勇耳边。从他参加工作第三年开始，家里的爷爷奶奶、父亲母亲以及身边的亲戚朋友就开始帮忙操心找对象的事情，要么今天介绍母亲单位同事的女儿，要么明天介绍大姨邻居家的孩子。忙于工作的温广勇一开始对这些"任务"有些排斥，每次都是敷衍应付了事，他认为自己现在还年轻，还有很多自己感兴趣的事情要做，哪有时间谈恋爱。可就算这样，连同他身边的朋友、同事好似也成了"家长"一般，时常催促他："应该找个对象了！""你家人都在莱芜，就你自己在泰安，赶紧找个对象，好的都让别人挑走了！"……这些话每天环绕在他的耳边。听得多了之后，温广勇也开始动摇了，有时会想：是不是真的应该找个对象成家了？

就这样，主动"让步"与被动催婚共同作用，巧合之下他结识了侯胜梅。

温广勇和侯胜梅都是造纸厂的职工，不同的是，温广勇是一名电气维修工，侯胜梅则是一名设备操作工。他们是经人介绍认识的，当时温广勇的师傅时立国专门挑了侯胜梅上班的时间，安排温广勇去给她修设备。第一次见到侯胜梅，温广勇对她的印象就是温柔亲和。当时，侯胜梅穿着工作服，扎着长长的辫子，笑起来脸颊两边有特别明显的酒窝，可爱的笑容让温广勇的脸一下就红了，维修设备的时候脑子乱糟糟的，正常情况下10分钟就能处理完的故障却维修了半个多小时。处理完后，设备顺利开启，温广勇交代了侯胜梅一些注意事项就赶紧离开了。这次见面并不是太正式的传统相亲。温广勇事后"反省"，认为这是一次非常尴尬、紧张的见面，他担心自己会给侯胜梅留下不好的印象。

但是，正如他在此后工作中秉持的"绝不认怂"的态度，尽管感到紧张、尴尬，他还是在回到值班室之后，鼓起勇气向身边的同事打听侯胜梅的信息。同事们听他这么一问，比当事人还着急，立刻将侯胜梅的基本信息告诉他，同时"添油加醋"地夸奖她如何认真工作、为人友善等。温广勇了然，默默记下这些宝贵的信息。

一天中午在食堂吃饭的时候，温广勇又看到了侯胜梅。本来打好饭，准备走到座位上的温广勇，一看见她就愣住了，手脚一时间竟都动不了了。身边的同事们立刻跟着起哄，两个人的脸当时都红了，第二次见面还是很不好意思。

就这样，在以后的工作中，凡是侯胜梅在的车间设备出现故障，温广勇总是第一个申请去维修。身边的同事们知道他的想法，也主动把维修机会让给他。慢慢地，他们两个人的接触越来越多，对彼此的了解也越来越深，感情逐渐建立起来。在他们彼此眼中，温广勇吃苦耐劳、精明能干，侯胜梅则温柔善良、秀外慧中。时间慢慢流逝，不知从什么时候开始，两个人走到了一起，接触时间久了，也萌生了结婚的想法。

当时温广勇的父母在莱芜，侯胜梅的老家在宁阳县，由于两个人的工作都在泰安，结婚就面临着一个问题——租房或是买房。以当时的收入水平，他们想在泰安买套结婚的新房，无异于天方夜谭，这个压力重重地压在了温广勇的肩上。面对这种情况，侯胜梅非常善解人意，劝说道："咱租房一样住，咱俩这么年轻，又都能赚钱，房子以后再买就是了！"温广勇感谢侯胜梅的通情达理，但转念又想着，她的娘家不在泰安，相隔这么远，没有一个安稳的住所，她的父母能放心吗？所以他觉得不管怎样，都应该给她一个安稳的家。温广勇陷入了深深的焦虑之中。父母发现了温广勇苦恼的状态，一直追问他什么原因，最初他并不想告诉年迈的父母，结婚买房是大开销，父母只是普通工人，收入有限，知道后难免会让他们同样感到焦虑。后来，父母找到侯胜梅，了解了温广勇焦虑的原因，便对他说："你的想法是对的，人家既然选择跟咱，咱就得给人家一个安稳的家，一个避风的港湾。"随后，父母拿出积蓄，亲戚朋友也帮衬了一些，最后他们在公司附近买下一套两室一厅的房子，有了温暖的小家。

婚后，侯胜梅也一直支持着温广勇的工作。一次吃饭时，她问起温广勇最近的工作情况，得知温广勇调整工作需要学习电脑制图后对他说："要不这样，咱们家也买一台电脑吧，等有了电脑，你既能每天下班回家好好吃饭，又不耽误学习，还能抽时间陪陪孩子。"看到他有些为难，侯胜梅继续说出她的想法，之前一直想买台冰箱，攒的钱也差不多了，但现在看来，更应该买电脑，冰箱完全可以等两年再购置。温广勇见侯胜梅已经做好决定，考虑到自己确实不能持续这种工作与家庭不平衡的状态，于是同意了妻子的提议。夫妻间的相互体谅让两个人的感情十分稳定，他们也在这个温暖的小家里安稳生活着，日子过得平凡且满足。

# 与拉丝机相遇

在造纸厂工作的10年，温广勇完成了人生中重要的几件大事——成家立业、娶妻生子，然而更多的是日积月累地成长，他越发觉得肩上的担子更加沉重。大环境的影响下，一些小型国有企业在市场经济中逐渐因产品单一、竞争激烈而效益变差，最终停产，温广勇身处的造纸厂也没有逃过此劫。在这之前，虽说厂里的收入并不高，但好在稳定，而现在，突然之间工资打折、缓发直至停发，时间一长确实影响到了他的家庭生活。那段时间，妻子侯胜梅恰好怀孕，双方家长又离得比较远，他们的生活一下落入窘境，很多事堆在一起，迫在眉睫。正在"山重水复疑无路"的时候，同事给温广勇提供了招聘信息，有一家玻璃纤维公司正在招电工，他的专业算对口，公司待遇也不错。温广勇晚上回家后，同妻子商量，也打电话询问了父母的意见，得到了一致赞同，尽管他仍有一丝担忧，但还是鼓足信心，准备第二天的面试。

即使面对的是一家全新的企业，温广勇对自己的技术还是有信心的，拿着简历便去应聘。对于面试官的问题，他回答得很简单又十分自信："我是搞设备维修的，学的仪表专业，在造纸行业没有搞不定的难题。"

于是，在2002年3月，28岁的温广勇凭借扎实的基本功和冷静自信的表现，赢得了面试官的一致认可。然而，入职后，他发现真正的考验才刚刚开始。

温广勇应聘的泰山玻璃纤维有限公司（下文简称"泰山玻纤"），从事玻璃纤维及其复合材料的研发和产业化，玻纤及制品产量140万吨/年，年销售收入近百亿，为全球第二大玻璃纤维制造企业。依靠着持续的研发、先进的技术装备、丰富的品种、过硬的质量，站稳于世界玻纤工业的前沿。其前身为泰安市复合材料工程筹建处，于1992年成立，1997年，建成我国首条万吨无碱玻璃纤维池窑生产线，填补了国内空白。2001年7月，债转股成立泰山玻纤。泰山玻纤始终致力于成为具有全球竞争力的玻纤复材企业。

回顾泰山玻纤的发展历程，在我国改革开放和市场经济的大潮中，栉风沐雨，沧桑砥砺，求索进取，一步步跻身全球玻纤工业领域的前列。温广勇何尝不是如此呢？他在泰山玻纤迅速发展的阶段进入公司，陪伴它共同成长，在金融危机、迈入新时代的两个关键时期，承担职责，做好本职工作的同时也为公司的发展添砖加瓦、奋勇前行。如今，在建筑建材、汽车家电、交通运输、化工环保、海洋船舶、风力发电、电子信息等产业领域和众多民生领域，都离不开玻纤复合材料，且应用范围仍在不断扩大，泰山玻纤对社会经济的贡献和拉动作用愈来愈显著。值得关注的是，行业内，泰山玻纤自主研发原丝自动检测技术，成品全部实现自动立体仓储，实现了"生产智能化、物流自动化、控制信息化"，这也对应着温广勇所说的"学习决定将来"。

玻璃纤维生产的核心是池窑和拉丝，池窑拉丝工艺技术采用微粉原料制成配合料，经窑头料仓、螺旋投料机送入单元熔窑。熔化好的玻璃液自通路流入铂铑合金漏板，最终在拉丝机缠绕成型，完成了粉料—液态—固态的形态转化。拉丝机是生产玻璃纤维或玻璃相关纤维制品的一种专用设备。在工艺生产过程中，拉丝机将从漏板拉出的丝束连续卷绕成丝饼。为了连续运转，设备配备一个转台及两个旋转机头，当一个机头拉丝完毕后，另一个机头就会随转台旋转到拉丝区域开始工作，因此玻璃纤维丝束就从一个机头到另一个机头开始缠绕。在拉丝过程中，玻纤丝束会在导纱片的牵引下在机头表面来回运动。

整个生产工艺控制要求很严格，不管是窑炉还是拉丝，其大部分生产工艺控制均由DCS系统①完成。该系统关联着整条生产线上千个控制点，自动采集读取运行所需的参数，精准控制各种能源介质供给，是生产合格产品的必需条件。如果控制系

---

① DCS系统是分散控制系统Distributed Control System的简称，国内一般习惯称为集散控制系统。它是一个由过程控制级和过程监控级组成的以通信网络为纽带的多级计算机系统，综合了计算机、通信、显示和控制等4C技术，其基本思想是分散控制、集中操作、分级管理、配置灵活、组态方便。

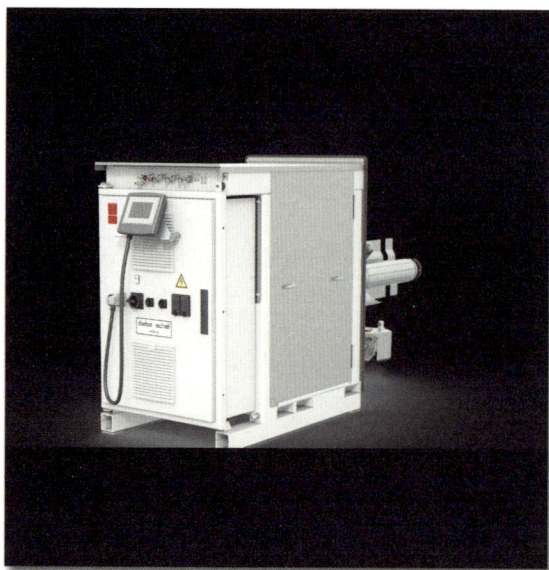

⊙ 上图　玻璃纤维丝束
⊙ 下图　拉丝机

统出现一点儿风吹草动，就会"失之毫厘，谬以千里"，与单纯的造纸行业的电工完全不能等同视之。温广勇感觉自己一下子成了"门外汉"，之前掌握的无论是理论知识还是实践经验，从表面来看，似乎同当前的工作根本不在一条轨道上，但他也明白这些实际操作其实有许多共通之处。

入职后，温广勇被分到相对偏远的厂区，面对现代化的控制设备和企业管理模式，还有严格的规章制度，此前他在面试时的自信减弱了不少。温广勇不禁想，自认为是老电工并且有经验的自己能在这里一直干下去吗？即便如今他提及当初刚进入泰山玻纤的经历时，也曾坦言"自己想打退堂鼓"，但开弓没有回头箭，既然来了就没有退路可言，好好做下去才是正道。温广勇相信自己能坚持，而且他也不允许自己退缩。

坚定了想法后，温广勇投入并逐渐适应了新工作与新生活。厂区离家很远，他就早起蹬着自行车半个多小时便到公司了；制度虽严，只要按章办事也能适应；设备再先进，日积月累，只要肯学总能学会。温广勇很清楚一点，那就是电气设备的更新换代是大势所趋，任何一个想要干出点儿名堂的维修人员都不能陷进旧知识和老经验里徘徊不前。于是，他充分利用公司完善的培训体系，不放过任何一次学习和提高的机会。工作、休息时，只要一有机会他便跟老师傅们请教，一点点提高自己对玻纤生产设备理论知识的掌握程度。另外，他还充分利用了公司购买的旧澳大利亚拉丝机故障率高、故障排除困难的

⊙ 温广勇（左）在窑炉DCS室请教现场工艺人员生产问题

机会，主动请缨学习澳大利亚拉丝机的维修，解决生产设备运行效率低问题的同时，积累了丰富的拉丝机维修经验。主观的积极学习意愿加上领导和同事们的热情帮助，使温广勇有了许多机会学习和实践，专业知识迅速积累，维修技能也快速增长，3个月后，他如愿转正。

随着工作的深入，温广勇开始实际接触窑炉熔化DCS系统、进口毡机控制系统等错综复杂的生产设备。窑炉熔化部位的电气控制是公司的核心技术，工艺复杂，对一名维修人员的基础素质要求比较高。纸上得来终觉浅，温广勇抓紧时间一边工作一边学习，到真正挑大梁的时候他已有了充足的准备。

在积累了充足信心之外，温广勇在泰山玻纤的师傅，即现任泰山玻纤邹城分公司副总经理杨超，帮助了温广勇许多。日常工作中，他对温广勇进行了全面的技术培训。从控制原理到各个回路控制流程，由浅到深，不放过每一个细节，特别是具体到维修实践，更是手把手亲自示教，比温广勇熟悉操作的同事也主动将个人整理的维修经验和心得倾囊相授。这使温广勇很快对设备、系统有了比较全面的了解，个人弱电维修的技能水平也得到了进一步提升。由于日常接触到的大都是对生产影响大的重点设备，以及各位师傅严谨作风的传承，因此塑造了温广勇认真谨慎、谦虚但不失自信的工作态度，这也促进了他后来的发展。

2003年底，因工作表现突出，温广勇被推荐到公司项目部电气组参与电气设计等方面的工作。在此期间，他参与了盛鑫、阿斯特、六号及八号窑炉生产线等项目建设。项目建设不同于车间维修，除了必须掌握整个生产线的工艺原理、控制逻辑外，还需要具备设计标准、电气制图等方面的能力。所以，温广勇初到电气组，便明显感觉到工作方式和要求与之前的维修工作大相径庭，他手里的工具包换成了作图用的电脑，车间里轰鸣的设备声也变成了电脑键盘的敲击声。面对角色的转换，他很清楚，首先需要做的就是坐下来、静下来，将日常工作由面对设备变为另一个知识层面的基础学习，从电气设计标准到CAD制图软件一笔一画地练习。这些技能让温广勇明白自己亟须学习，但他更加明白的是时间不等人。这些技能需要在短时间内掌握并熟悉，白天他跟着同事跑施工现场，晚上等大家下班了，他在电脑上学习制图。有时一段直线的截取、一个点的标注他都要花上将近半个晚上的时间，所以那段时间，项目部关灯最晚的一定是温广勇所在的电气组办公室。

时间稍纵即逝，温广勇的能力和水平伴随着白天黑夜的交替努力慢慢提升。无论是对电气控制设计理念的理解、CAD制图能力还是项目建设的管理等方面都得到了根本性的提升。这对以后长期从事维修技术以及基层管理工作打下了坚实的基础。

# 调入"八线"

2004年，是泰山玻纤第八条生产线（下文简称"八线"）建设如火如荼的一年。

在"八线"烈火烹油似的建设中，作为项目建设负责人的领导将目光落在温广勇的身上，推荐他到将要投产的三分厂"八线"担任电气工段长。

当时，温广勇在项目部的工作恰好负责该条生产线的设计和调试。"八线"生产发展过程中相继出现了各类问题，生产线领导便将他由项目部调入了车间负责维修管理，并对他说道："我对你是寄予厚望的，希望你到了生产现场，提升个人能力和管理水平，带领团队积极主动解决问题，为生产保驾护航。"对此，温广勇有些紧张，因为此前他一直在项目部工作，和大多数工人一样，主要在个人岗位上认真完成所负责的设备维修工作，根本没有管理经验，一时间也不知道该如何管人，突然被委以重任，不免让他有一丝胆怯。不过，联想到当初面试以及刚工作时不怕困难的自信，他当即下定决心，接下任务后认真规划。

温广勇对个人角色的转变意识非常明确。以往作为单独个体，能力是重点，但作为工段负责人就得成为一个维修团队的核心，这不单单需要负责人的专业业务技能过关，还要统筹安排团队的方方面面。总的来说，他现在的任务不仅是自己干好维修的工作，而且要带好这支队伍。万事开头难，新生产线，设备调试工作量大，加上是各车间临时抽调人员组成的团队，虽然团队成员的水平参差不齐。但好在都是泰山玻纤的老员工，对区域、设备非常熟悉，且都是吃苦耐劳、乐于奉献的优秀工人，所以对于温广勇安排的工作也都积极配合，少有怨言。明确了前提，温广勇再次对公司运作、人员调动的情况做了整体了解，制订了详细的工作计划：

首先，深入了解"八线"生产所依凭的重要系统，即窑炉DCS系统。其采用的是浙大中控JX-300系统[1]，采用了双高速冗余工业以太网SCnetⅡ作为其过程控制网络。它直接连接系统的控制站、操作站、工程师站、通信接口单元等，是传送过程控制实时信息的通道，具有很高的实时性和可靠性，通过挂接网桥，SCnetⅡ可以与上层的信息管理网或其他厂家的设备连接。但因为是首次应用于玻璃纤维制造，所以DCS程序组态编制过程开展得很不顺利，很多现场数据采集上来后与实际值差

---

[1] 浙江浙大中控自动化有限公司于1997年推出的全数字化的新一代集散控制系统。该系统不仅具有原X-100集散控制系统的一切功能和优良性能，更吸纳了20世纪90年代在微处理器、CRT图形显示和网络通信等领域的最新技术。

⊙ 温广勇在窑炉DCS室进行故障排除

距较大，现场品类繁多的设备为第三方厂家提供，施工又是第四方。在解决问题的过程中几方相互推诿，导致数据迟迟传不上来，没有数据，DCS系统就变成了空壳，精准控制也就无从谈起。这种情况下对于工作人员的调动就需要仔细斟酌。温广勇深知这一点，所以接下来，他结合每个人的能力和性格，合理分配工作并明确职责。比如，一些同事性格腼腆但比较细心，可以留在线上记录数据；有的同事能说会道，便安排他和厂家、施工方等沟通，及时上传数据。这样一来，初期充分发挥个人特点来推动工作，能够调动每个人的能力，同时能够及时查缺补漏。待整体工作相对稳定后，温广勇又立即组建了班组，搭建更精细化的专业团队，连所有人员的值班住宿、夜间应急协调等都考虑周全了，以此保证整个团队的正常运作。

那阵子温广勇忙得脚不沾地，同事调侃他走路都带着风。其实他一向如此，常在厂区内近乎小跑般地穿梭。为了更加方便地管理团队，温广勇除了"疾走"，还经常在办公室里研究、分析系统数据，签字笔与笔记本随身携带，方便记录。他在笔记本上特意用黑色、红色笔迹做了区分。这些随时记录的笔记往往在机器发生故障之时会发挥巨大作用。细微处最容易被忽视，所以温广勇常到窑炉DCS室查看情况，随时进行故障排除。

熟悉系统和人员调动是协调团队工作的第一步，第二步便是正式进入工作状态。温广勇在项目部有过与各方沟通的经

⊙ 温广勇疾走于厂区

验，所以能够及时协调各方到场，梳理信号、排查进度表，在各种信号传输节点中串接检测工具，以此为依据，规定双方职责限期排查。整个过程中，温广勇也安排了自己团队的成员协调排查。这样一来，既提高了处理速度，处理过程中的相关人员也积累了宝贵经验。结合窑炉熔化特点，团队和生产单位在面对面的互查、交流中提出更为适用的控制方案，为日后保证生产精度打下基础。

调入"八线"的经历既给温广勇带来了丰富的实践管理经验，也为其以后的工作奠定了良好的基础，而且在这一过程中他所展现出的认真负责与细致入微，以及及时协调人员、维修设备故障等应急能力，令人敬佩。透过此更应看到他的脚下生风更是责任与敬业的行动体现。

2005年9月，公司根据市场需求以及拉长企业产品链的要求，决定上马"湿法薄毡生产线"。湿法薄毡对玻璃纤维分散具有重要影响，主要包括pH值的调节、白水中离子的影响、改善玻璃纤维表面的润湿状况和增加悬浮液黏度，这些会大大提高玻璃纤维的生产效率。但是这种生产工艺在国内很少见，成套设备的供应商更少，如果想引进这种工艺，就需要公司技术人员成立专业组重点攻关。此前，温广勇组建的团队出色完成了"八线"的建设任务，所以这一重要任务再次落在了他们的身上。

在了解工艺的整个过程前，温广勇及团队人员对这条生产线并不清楚，特别是电气控制部分没有可以借鉴的经验，只能临时根据工艺需求完成控制逻辑组态，很多步骤都做得比较艰难。温广勇当时也加入了研发团队，在主任工程师施永辉的带领下，一班人加班加点，画图、安装、拆卸，更改方案后再画图、再安装、再拆卸……3个月里不知道重复了多少遍，终于将整套控制程序编制完成。此后的调试过程中，依然不可避免地遇到许多"拦路虎"，其中各驱动部分速度不一致成为的最大难题，带载调试时因无法精准控制张力精度，成型后的纤维薄毡经常出现褶皱或者直接断裂，造成大量原料的浪费。这个阶段，团队里每个人都在思考各种各样的解决办法，从参数调整到控制方案更改，他们甚至连续几天都留在现场，直到该问题成功解决，生产线联机运行一次成功，大家才算松了一口气。

另外，在处理问题的过程中，针对这些疑难杂症，温广勇及团队人员组织利用QC①的方式对问题进行系统分析，运用科学合理的方法使问题得以解决。不过，他们并未将此当作最后的成果，而是将实践操作经验投入了课题研究，立项的"降低因卷芯不齐出现的湿法毡产品复卷率"课题在2006年被评为山东省优秀成果奖。

2006年开始，温广勇陆续参与了公司第一条直接纱窑炉生产线的电气调试和新技术应用、湿法薄毡卷曲控制软件的开发、新型废气处理监控系统的开发等研发工作。研发过程中，

---

① QC是指企业质量管理中常用的质量管理工具，即QC七大手法，包括层别法、检查表、柏拉图、因果图、管制图、散布图和直方图。

他积极参与新设备、新工艺的学习和消化，针对在调试及设备运行中出现的问题，带领工段员工加班加点，解决了很多故障和难题，从而避免了一些隐患以及人、财、物的浪费。维修、改造后的设备无论是在运行能力方面还是提高企业经济效益上均有了较大的提高，事后他又将对上述问题的处理过程和自己的心得体会进行了总结，撰写了《中大型直接纱窑炉的控制》等数篇论文发表于国家级期刊，分享给同行、学生以及相关专业人员共同学习进步。

# 披荆斩棘

回忆之前遇到的诸多困难，温广勇总能想起2009年大年夜的事故，这段经历称得上是他与团队面临过的最紧急，也最棘手的难题。

2009年腊月二十九傍晚，新的第九号生产线将迎来运行后的第一个春节。作为配置自动化物流系统的首条直接纱生产线，公司领导和设备厂家都对此寄予厚望，特别是设备厂家，他们希望在年前做最后一次系统优化以保证生产线能顺利度过春节假期。当时担任电气维修主管的温广勇和团队人员也想着能在大年夜前一天尽快配合完成调试，成功后再回家过年。就在调试大部分完成、即将收工之际，现场突然多处报警灯一起闪烁，维修值班室电话也同时响起，意外发生了。线上突然传来"砰"的一声响，所有的原料纱聚集在生产线烘干部位挤成一团，烘干现场的物流线立刻停了下来，链式机、转台、分配车等设备上的原丝纱车也都停止不动，整个车间瞬间静了下来，温广勇及维修团队一时也愣住了。

温广勇深知，对于玻璃纤维的生产来讲，窑炉一点火就需要连续八九年每天24小时作业不能中断，整个环节一旦有中断，大量产品就会集中堆积，时间长了不仅会对生产线物流造成影响，那些已经拉制出来的玻璃纤维也会因不能及时进行下一个环节的处理而被降级或报废。简单来说，时间拖得越长，后果越严重。对于温广勇和维修员来说，设备故障就是号令，是整个维修团队的责任。他们最初大致排查了一下，从设备报警状况，以及对该系统几乎为零的维修经验来看，大家一致认为："这个年回不了家了！"

此时，系统厂家的工程师已经撤离，温广勇及维修团队清楚，即便联系上了，他们短时间内也无法赶回来，所以问题还是得靠自己解决。由于当时整个物流线控制系统还在优化过程中，图纸、程序都没有最终交付，所以他们手里只有一些临时的图纸和调试过程中积攒的零星经验，面对这种系统性的停机故障，根本起不到太大的作用。

温广勇想，既然自己心里没底，那就考虑集合人马分头寻求解决办法，于是他迅速冷静应对，及时指挥团队人员分部位排查

⊙ 温广勇在泰山玻纤拉丝一层维修拉丝机

原因。他联系了在岗的几乎所有人员，包括已经收拾行囊准备回家的同事。大家在接到通知后也尽快换回了工作服，拿起工具包重返现场。所有人员到场后，针对不同区域的设备各自分工，通过报警、信息提示以及电话咨询厂家工程师，查找故障原因，希望尽快恢复设备运行。但是资料毕竟有限，能力亦有不足，耗费了许多时间，大家已经能隐约听到外面爆竹的零星炸响，但是仍未能有效恢复生产。生产工序因为物流的瘫痪，产品的转移全部靠人工搬运，生产线内外一片慌乱，当然也免不了抱怨、牢骚。生产管理人员站在温广勇及维修团队身后，观望着他们的动作，一遍遍催问是否有进展，偶尔还会着急得想上前帮忙。

人们常说幸福的时光过得飞快，此时温广勇及维修团队却感觉焦灼之下的时光流逝得更快。用了整整一天的时间，他们仅恢复了小部分的独立功能，尚不足整个系统的三分之一，作用不大，生产现场人拉肩扛的情况依然没有缓解。面对这种情景，他们脑袋里没思路了，手里的动作也明显慢了下来。

温广勇与团队商量着："既然现在这种方法修不好，那就另想办法吧。"整个系统无法实现全自动，那能否通过简单改造实现人工干预的局部半自动呢？这样做，至少能让生产不像现在这样被动。统一思想、分工部署、制订改造方案等一系列工作安排到位后，他们的热情再次被点燃。此时，除夕的华丽大幕已徐徐拉开，接连不断的爆竹、礼花将天空渲染得五颜六色，夜色透过窗户洒落到他们的图纸和工具上。

⊙ 温广勇在进行拉丝机自主程序编制、设备调试

　　由于设备是进口的，温广勇及维修团队并未掌握核心技术，只能一个程序接一个程序地测试。直至凌晨时分，他们终于找到了故障原因。原来是机械安装厂家为了赶工期回家过年，违规将电焊机地线搭接到了电气设备的接地网上，强大的焊接电流通过控制线路接入PLC①和通信模块，造成整个物流系统的断网瘫痪。确定原因后，温广勇及维修团队当即改变了地线搭接的位置，转头调整物流系统，安装手动按钮，敷设线路，拓扑网络……当新年第一抹阳光透过窗户的时候，整个系统已实现了半自动运行，晶莹的纱锭、繁忙的纱车通过人工的接驳，陆续送往下一个生产环节，总算恢复了顺畅的生产流程。

　　大年三十的晚上，饺子被端上了家家户户的餐桌。彼时，温广勇及维修团队却忙得连水都顾不上喝，除夕夜绚丽绽放的烟花，多彩的光映照出过年的喜悦，但紧张忙碌、汗珠滴落的他们顾不得欣赏，一心研究生产线上出现的故障。由于维修时间的紧迫，他们一时间顾不上准备年夜饭，更何况是饺子，最终只好用开水、面包充当了一次"年夜饭"。

　　这样一个忙碌的跨年夜，这样简单甚至寒酸的年夜饭，在温广勇的回忆里却"实在是来之不易"的，那可称得上是他和团队人员最难忘的经历了。年后厂家工程师休假归来，看到临

---

①　即程序控制器，它采用一类可编程的存储器，用于其内部存储程序，执行逻辑运算、顺序控制、定时、计数与算术操作等面向用户的指令，并通过数字或模拟式输入/输出控制各种类型的机械或生产过程。

时恢复的半自动辅助装备，也是吃了一惊，称赞温广勇和团队在紧急条件下还能想到利用分块控制、集中组网的运行方式恢复生产，的确算是高明之举。但他没有看到的是，维修完成后，温广勇及团队人员躺在铺满器件的地板上疲惫睡去的情景。意外发生时，在温广勇及团队看来，解决设备故障比回家过年重要得多，生产线一旦出现问题，后果难料。他们本应在家陪家人吃饺子过年，却因责任而留下，也因"在其位谋其事"的责任毫无怨言地咽下开水和面包。温广勇更清楚自己肩上的责任，作为生产线上的第一负责人，机器一旦出现问题，他责无旁贷。然而，他不知道的是，自己那长期与机器设备"亲密接触"的双手，掌纹里已然深刻烙印下"责任"二字。

彼时的玻璃纤维行业在泰安市乃至全国都是一个新兴产业，它独有的生产设备和毫无标准参照的生产工艺，无疑加重了设备维修保养的难度。由于建厂初期的诸多困难，生产装备多属非系统性投入。随着公司的发展，一些公司级的难题逐渐开始影响到生产运行，特别是一些老生产线，因其投入运行时间久，服务于这批生产线上的设备也因长期运行进入故障高发阶段，生产装备亟须在保障生产运行的情况下升级换代。因此，在2011年，公司决定进行机构改革，对组织架构进行前所未有的大调整。公司将原来分散在各个生产分厂的维修力量全部整合在一起，成立了维修车间，任命温广勇为维修车间主任，主要的工作职责就是负责全公司所有设备的维修维护工作。

⊙ 拉丝机改造过程中，温广勇（右）与同事商量机械部分的改造方案

　　然而，维修车间的整合工作还未理顺，难题就提前摆到了面前，公司多条窑炉重点部位的DCS、配合料系统硬件损坏频繁引发故障，其中，"七线"配合料控制系统为国外品牌，原配置为"一用一备"两台主机，其中一台因出现故障导致无法使用，仅存一台的运行现状对同时担负几条生产线原料供给的配合料正常生产来说，存在很大的潜在隐患。为避免这种隐患，温广勇组织技术人员、设备操作人员讨论解决方案，彼时厂家给出的高价方案以及重新购置硬件恢复系统等措施，均无法满足过程中对于系统安全的要求，整个工作陷入一筹莫展的境地。

　　船到桥头自然直，一篇关于交换机虚拟化的论文给了温广勇和技术人员、设备操作人员很大的启发，将该技术应用于玻纤行业的想法点燃了他们跃跃欲试的冲动。在分管领导和专业组对实施步骤评估确认后，温广勇带领团队开始了小心谨慎且漫长的实践操作。既然设备厂家提供的重新购买软件和自行购买硬件各有弊端，短期内无法彻底解决，还要长期受制于原厂家。那么，通过软件虚拟化技术解决工控机硬件的问题，从技术角度来看应该能行得通。他们先是选择了合适的虚拟化软件。经过综合评定，他们最终一致认为VMware Workstation[①]更适合线下的需求。再完成硬件平台搭建后，将工控机上的操作

――――――――――
　　① 中文名"威睿工作站"，是一款桌面虚拟计算机软件，提供用户可在单一的桌面上同时运行不同的操作系统，进行开发、测试、部署新的应用程序的最佳解决方案。

系统、硬件驱动等都安装于新环境下。最终，将之前的工控机移除，单机测试虚拟系统。

待新系统在随意选择配置的硬件上皆运行正常后，温广勇那颗提在嗓子眼儿的心才终于放下。此后该项技术的实施逐步应用到公司全部窑炉DCS上位机以及配合料控制系统，温广勇与技术人员及设备操作人员为玻璃纤维行业自控系统后期维护探索出一条新的途径，这一项目也获得了公司年度管理创新一等奖和山东省建材系统革新优秀奖。

作为维修车间的负责人，温广勇深知肩负的责任重大。公司除了拥有传统的玻璃纤维生产设备外，机电一体的自动化、机械化设备也成为公司装备的重要部分，增加机电一体化的融合程度、通过工作重心前移降低设备故障率是公司领导对他的要求，也是他当期工作的重点。于是，温广勇根据不同的工序和工艺设备将电气维修和机械维修的骨干重新整合成了专业团队，方便对突发的设备问题做到第一时间到达现场进行处理。

2011年冬天的一个夜里，"七线"物流总调工控主机出现了死机现象。物流总调对整条生产线产品的物流秩序影响非常大，温广勇带领团队及时赶到厂里查找问题、弄清原因，临时采用了更换硬盘、对调主板的方法使物流设备先运行起来。对比检查完损坏的主板，他们发现三个CPU附件的贴片模块温度异常，电容有爆裂痕迹。因工控机主板是双面印刷线路，电子元件采用全自动流水焊接，器件的焊点极其微小，人为更换很困难。尽管如此，他们没有退缩，秉持着再大的困难也要面对，也要想办法解决的原则，再次进行检查，尝试更换。最终，温广勇运用改进后的热风枪等工具完成了贴片元件更换，采用加长引出线的方法替换电容，经过一个小时的焊接，再经装机试验，修复后的工控机主板总算正常运行了。

无论哪一个行业，哪一个人，工作中必然会遇到各种各样的困难，有时也会陷入"山重水复疑无路"的境地，只有披荆斩棘才能"柳暗花明又一村"。在泰山玻纤勤恳工作的20多年里，温广勇遇到的"柳暗花明"之事当然不仅上述几次，更大、更难忘的困难出现在2017年。

拉丝机是泰山玻纤的重点核心设备，数量多，控制精度高，直径微米级的玻璃纤维就是在该设备上最终成型。拉丝机具有以下特点：低频力矩大、输出平稳，高性能矢量控制、节能效果好，比例联动控制精度高；具有滑差补偿功能，转速精度高；保持张力恒定，防止断线；采用最新高速电机控制专用芯片DSP①，确保矢量控制快速响应；硬件电路模块化设计，确保电路稳定高效运行；等等。每座窑炉根据产能配置几十台，之前公司绝大部分拉丝设备都需要进口，一台价格为七八十万元人民币，设备采购费用高昂，日常维护成本也不低，备品备

_____

① 即Digital Signal Processor，也就是数字信号处理器。这是一种具有特殊结构的微处理器，是以数字信号处理大量信息的微处理器。将模拟信号转换成数字信号，用于专用处理器的高速实时处理。

⊙ 温广勇（右）在现场进行故障排除

件都要用进口元器件。因为担心核心技术泄密，设备厂商仅是提供原厂图纸，其他核心程序、控制逻辑一概不提供，程序也都是进行过二次加密处理，设备方技术人员到厂服务时对于温广勇等技术人员提出的疑问，答复也大多是选择性的。

2017年，一台德国拉丝机设备突然出现故障，让工厂陷入了困难。当时控制器显示有十几条故障信息，该台位生产中断，产品进入地下室形成废料，温广勇和团队率先赶到现场，根据之前的经验，花了很长时间还是没有找到故障原因，也就是说这一次经验不起作用了，发生了新故障。由于时差原因，始终无法联系上德国技术专家。无奈，温广勇带领团队再次认真查阅图纸、检查线路、更换器件。三四个小时过去了，问题依然如故。一想到耽误一分钟就是浪费、延误一分钟的产量，他们就着急得像热锅上的蚂蚁。

终于，当德国技术人员电话接通的那一刻，温广勇及团队好似找到了救世主，将其看作最后的希望。但随着逐步交流排查，情况却不像他们预想得那样顺利，技术专家的答复让心急如焚的他们怎么也高兴不起来。因为专家的越洋电话仅仅是从一些设计角度上一步一步地"挤牙膏"，多是一些提醒和注意事项，所讲的问题也早已经排查过了，对解决当前的故障几乎没有什么帮助。再往后，德国专家也陷入了沉默……

时间过得很快，故障已经发生十几个小时了，生产线的员工和领导都聚集到温广勇及维修团队身后，焦急地等待着，他们也想在故障的排查中提供些力所能及的帮助，以期设备早些恢复运行。当时他们几人已经排查、联系厂方以及替换怀疑有故障的器件，地上也堆积了大量的各式元器件，甚至好几个同事累得瘫倒在地。

"耽误一分钟，一个台位就损失15元钱，故障时间越长，公司的损失就越大，这是我们每一名维修人的责任！"温广勇这样诠释时间就是金钱的道理。提到台位，他们突然想到了拉丝机，于是反转思路，从正常运转的拉丝机上提取数据信息，与故障设备进行比对排查。

温广勇思路一转，看到正常生产的设备，一下有了主意：两台设备设置同一套参数，同时开机，对照PLC的I/O点状态、各运转反馈数据进行对比排查。在核对排线轴反馈值的时候，温广勇突然发现排线轴的反馈值和正常设备的反馈值有偏差，因为小数点后有五六位，不认真仔细地核对是不容易排查出来的。紧接着，他立即进行了参数调整，并通过参数查找到故障的器件，经过维修替换后，设备终于正常运行了。生产人员兴奋地欢呼，跑去准备生产，而温广勇和团队人员却已躺倒在地，此时的他们只想好好休息一下。

这次故障过后的一段时间里，温广勇带领团队开始反思整个过程，复盘维修流程。十几个小时的停机、各种资源的调动，虽说故障最终得以解决，但疲惫之后的他们感受更多的是不甘心。不明就里的推测，漫无目的的换件，一遍一遍地重复，直至大脑一片空白，表现出的正是对核心控制专业知识的匮乏，还有与国外相关机器技术的差距。温广勇思考："这种情况以后还会出现吗？难道我们一点儿办法也没有吗？难道有了问题只能找厂家吗？"转念一想："不能这么认怂！""绝不认怂"四字便是温广勇及维修团队的最终态度。

既然想彻底解决问题，就得从根源上入手。整个设备的控制驱动都是依靠PLC，其控制原理就是利用PROFIBUS-DP和DRIVE-CLIQ通信协议连接调度着运动伺服系统、变频调速系统及外围传感器、电磁阀等，来实现拉丝机各轴高精度运动和附件的动作逻辑。它们之间的原始通讯报文代码、变量标注厂方均不提供，其电气控制系统涉及多学科技术，对维修人员有很高的要求。在了解以上特点并明确拿不到内部程序后，温广勇及维修团队一致决定采用"笨"办法，即根据设备的每一步动作，去对应控制器的输入/输出点，梳理出相应的逻辑关系，同时附带速度等数字量的变化规律，最终完成整个设备的运行逻辑图。虽然这个想法可行，但实际工作量很大，过程中还有很多看不到的逻辑和参数，因此，只能参考其他机型或者查找资料去落实，整个过程持续了大半年。最终在他们的共同努力下，公司掌握了该设备的全部控制逻辑，再有故障时就可以按图索骥，不再"晕头转向"。从此，拉丝机的整体维修水平大幅提高，终于不再受制于技术的落后，温广勇也在这样的启发下自主研发了"南京"及"萧山"拉丝机控制功能平台教具、

⊙ PLC控制器内部构造

漏板控制功能平台教具和物流线控制平台教具等，用以培养更多的专业技术人才。

当然，经验如果仅是用来应急，那便永远发挥不出它的最大价值。技术要想百尺竿头更进一步，学习、积累的知识要想转化成实际的效益优势，就必须精耕细作、主动出击。

2017年，因为故障率高、控制精度低的原因，泰山玻纤的老厂区淘汰下一批拉丝机。它们长期放在仓库里落灰，温广勇感觉有些可惜，在公司重新整合专业维修团队的基础上，加上之前已经积攒的一些经验和控制逻辑，温广勇对这些老设备萌生了升级改造的想法。一开始他仅是有想法，当具体实施起来却发现困难重重。一来温广勇及维修团队掌握的仅是控制逻辑，也就是控制思路，这与如何让机械部件运转起来还相差甚远；二来他们对工艺要求知之甚少；而且设备的运行优劣要从产品上反映出来，这更是无法确定的。对此，温广勇考虑了很长时间。最终，"不认怂"的团队态度再次点燃了激情，主导了行动，他们立刻投入实践中。数据不够就去测量、测绘，缺乏专业人员便去其他专业组招兵买马，器件老化便找自动化公司帮忙优化替代选型……

从方案提出到上线落地，整个过程接近一年半的时间，过程中遇到了器件选型、工艺结合、参数整定等大量问题，也让温广勇充分理解了理想和现实的巨大差距。不过，幸运的是，在温广勇及维修团队的努力下，一套更精准、更易用的拉丝机控制程序应运而生。对于机器来说，如果不上线运行验证，说得再好也是摆设。于是在线下经过无数次验证无误后，他们准备上线试运行。不过，这首先要征得生产分厂同意，把正常生产的设备替换下来，再把改造后的设备安装到位。且不说温广勇及维修团队心里有点儿没底，仅是替换设备就得损失不少产量。因此，审批环节持续了很长时间，最终分厂才勉强同意。

看着耗费无数心血重构的设备缓缓地安装到位，待通电自检后，设备上的各种指示和预想的一样，机头逐步加速的一瞬间，温广勇及维修团队兴奋得高声欢呼起来。生产线上的操作工都跑来看热闹，毕竟这是公司自己改造的设备，他们都想一睹为快，看看和外国的设备有什么区别，控制界面是否还是仅有英文，之前提出的控制建议是否被实施。一派祥和的气氛中，机头上的纱团直径越来越大，突然，控制器报警了！而且是调试过程中从未出现过的报警信息。生产立即中断，事发突然，当时在场人员都有些蒙。

"啥情况？报警内容是什么？"

"这种报警谁见过？赶紧连电脑看程序和变量！"

这时，生产车间人员又聚集过来："自己弄的还是不行啊！好处理吗？""实在不行就先退下来吧，别再耽误我们生产。"

当时连接电脑查看程序的过程，温广勇的手有些抖，他心想："推演足够充分，调试这么长时间，按说不应该啊！"如果这次把设备替换下来，下次再能上线的机会不知道要等到什么时候。然而，真是"柳暗花明又一村"！因为程序是自己编制的，他查看后发现是因为控制器参数没有带载，设置不合理。待再次调试后，问题自然迎刃而解。之后，一个纱团一个纱团的产品陆续从机头上卸下来，温广勇总算松了口气。此时，车间外的曙光也缓缓亮起，照耀并纪念着这一刻。

改造设备运行正常之后，温广勇陆续开始了扩大化的小试、中试。在之后的两年时间里，温广勇及维修团队共改造了51台直接纱拉丝机用于满庄新区F06及F07生产线，该项目共计为公司节省机器设备购买及维护费用1500余万元。除此之外，邹城ZF07及细纱项目的建设中，温广勇及维修团队积极参与了各类设备改造及设备研发工作，完成老厂设备翻新修复、拉丝机背负式改造以及细纱加球机精密控制的研发等项目，共计为公司节省投入资金1200余万元。温广勇也带领维修团队研发出"控制系统交换机虚拟化"、"拉丝机背负式改造以及程控自主化"、设备维护保养"工作前置"、重点设备"快速换模"等技术与工作方法用于生产。

"维修人员的一小步，智能制造的一大步。"多项技术改造项目的完成，让温广勇及维修团队第一次有了技能创新的成就感，也让温广勇感受到了企业装备升级工作的任重道远。

拨开工作中设备发生故障、维修改造设备的荆丛，砍掉国外技术封锁的荆棘，温广勇一路走来，遇到的困难重重，他始终能够冷静应对；同时，作为工人，他不忘身上的责任，携团

⊙ 温广勇在公司内部授课

队对设备、技术进行创新，推倒"己所难为"的尴尬，展现出了新时代大国工匠的风采。

## 攻坚克难

就在温广勇与团队共同完成老厂设备翻新修复、拉丝机改造以及各项研发项目后，泰山玻纤迎来了外部肯定与内部升级。同时，温广勇依旧秉持坚持的原则再次踏上持续的攻坚克难之路。

2015年，泰山玻纤被国家工信部入选为首批46家智能制造试点示范项目名单，2016年被认定为国家首批智能制造示范企业。泰山玻纤的智能工厂样板逐步在行业内推广，带动了行业"智"时代的进步。随着智能技术的发展，泰山玻纤与时俱进，向高端智能制造迈进。目前，泰山玻纤新区F09线年产10万吨高强高模玻纤生产线已经建成投产，生产系统升级为5G网络，将集成应用一系列智能新技术，成为自动化、信息化、智能化升级的示范。另外，泰山玻纤历来重视人才的引进和培育工作，重视人才梯队建设，有层次，有针对性，根据岗位职能、能力大小和技术水平进行"赛马"和"相马"；新员工入厂后，单位会指定一名培训导师一对一进行帮带，直至新员工

⊙ 温广勇在部门内部解决问题并编制培训教材授课

满足独立工作的条件和要求。每年度进行技能序列的考核晋级，按照不同标准提高薪资水平。随着工作经验和个人能力的提升，公司给了温广勇更大的平台。2016年，他先后被任命为设备动力部副部长、部长。升职的同时，温广勇明白自己肩上的担子更重了，承担的责任也更多了。

温广勇所在的设备动力部下设5个车间、3个科室，其中维修车间负责所有生产线设备及全公司公用设备的维保维修；动力车间负责全公司水、电、气等能源供给；机加车间负责公司所有设备的搬迁以及零部件的加工等。动力部是一个技术密集型部门，技术工种多，行业跨距大。另外，公司的两个重大危险源——氧站和气站全部在其管辖范围内，所负责的区域面广、点多、人员分散，管理难度非常大。上任伊始，温广勇就意识到，要切实提高部门的管理水平，就得深刻领会"三精"管理的精髓，即组织精简化、管理精细化和经营精益化，不断优化部门的工作流程，充分激发员工的工作潜能，从而提高部门的核心竞争力。

在结合自身多年的设备管理工作经验的基础上，温广勇确定了"以打造数字设动为基础，完善人才内部市场化竞争机制，做好各专业融合并实现安全生产"的工作总基调。在多次召开的管理提升专题会上，他组织全体管理人员利用头脑风暴法广开思路，深入分析，查找不足，研究解决方案。通过会议讨论，查找问题，很多隐匿多年的"顽疾"得以浮出水面。温广勇根据大家反映的问题归类整理，定人、定时、定量拿出解决方案，限期整改落实。

设备动力部门点多面广，危险作业多，重大危险源也多。随着企业发展，新进人员比较多，存在人员安全知识基础不扎实的问题，安全管理也成为部门管理的重中之重。于是，温广勇针对部门的安全管理提出了"提意识、控风险、预维修"的理念。以此理念为导向，引领部门安全管理工作的思路和措施。

温广勇认为，首先需要将人员培训作为切入点，通过提升人员的业务能力，明确现场管控要求，逐步提高员工自身的安全意识，以安全意识带动安全行为，以安全行为保证作业安全。利用KYT（危险预知训练）工具，以班组为单位，针对作业的特点和作业的全过程，分析作业中存在的风险，制定风险管控措施，防范风险演变成事故。落实流程化、图示化危险作业管理要求和危险作业的过程控制，标准化人员的作业行为，防范检维修作业中发生风险事件。

其次，围绕"提意识、控风险、预维修"理念开展各项管理工作，有效提升人员的安全意识。温广勇在部门内落实了"不安全，不生产"思想，员工之间相互提醒、相互监督，部门的安全管理呈现持续向好的局面。为了有效巩固部门开展的工作，展现各单位的工作成果，总结工作中的经验，他与同事们对电气安全隐患、危险作业、KYT分析、降低风险总值等进行了专项研讨，编辑、设计了三本供单位内部学习使用的图书

⊙ 温广勇（右）为员工现场讲解设备结构

资料——《电气安全隐患排查治理图册》《危险作业知识手册》和《KYT案例分析和运用手册》。《电气安全隐患排查治理图册》精选多年安全生产检查过程中发现的安全隐患的实际场景、实物照片，指出这些安全隐患的特点，揭示这些安全隐患所造成的恶果。主要内容涵盖配电装置、电力线路、常用电气设备、各类电气作业等范围，收录了公司现场各类电气安全隐患130条；《危险作业知识手册》对高处作业、动火作业、吊装作业、有限空间作业、临时用电、盲板封堵作业和交叉作业7类危险作业的操作流程进行了详细梳理；《KYT案例分析和运用手册》将部门开展的80余项KYT案例分析列出，并从中选择优秀项目汇总成册。上述这些资料由泰山玻纤统一印刷，分发至各单位共同学习，夯实基层各单位的安全管理工作。

近几年，温广勇所在的设备动力部门主创的几个管理创新项目在公司年度评审中连续获得一等奖。其中以OEE[①]为工具的提效降本项目通过对核心生产设备建立OEE模型的各子项分析，准确清楚地了解设备效率如何，在生产的哪个环节有多少损失，以及可以进行哪些改善工作，为公司避免了不必要的耗费，降本增效效果显著，构建部门生产运营数据系统。实践证明，OEE是一个极好的基准工具，通过对OEE模型的各子项分析，能准确清楚地显示出设备效率如何，在生产的哪个环节有

---

① Overall Equipment Effectiveness，即设备综合效率，也有资料表述为总体设备效率，其本质就是设备负荷时间内实际产量与理论产量的比值。

多少损失，以及通过这些可以进行哪些改善工作。长期使用OEE工具，可以轻松地找到影响生产效率的瓶颈，并进行改进和跟踪，达到提高生产效率的目的。

企业的生产离不开设备，设备运行同样也离不开维护和维修作业。进入泰山玻纤后，师傅、同事的倾囊相授和手把手地帮带使温广勇的个人能力突飞猛进，但是，当时的设备管理以及人员培养还处在事后维修的阶段。那段时期，公司各个生产分厂有单独的维修工段，维修人员分散在分厂工作，独自维修，各自为战。设备管理以事后维修为主，简单来说就是在设备发生故障后才进行维修。操作工平时只负责操作和运行设备，当设备出现故障停机，通知维修人员进行修理，其本质都是"坏了才修，不坏不管"，所以厂区里一直存在意外故障多、备品备件杂、人员能力参差不齐的状况，时间一长，生产线上容易出现许多问题，工作开展容易陷入被动。在温广勇还是工段长的时候，便知道这种方式弊病很多，他也想像他的师傅教他一样去带其他维修工。为了能够将自己所掌握的电气维修技能毫无保留地传授给其他维修工，温广勇把多年来积累的设备维修维护经验和方法，通过培训、组会等进行分享和交流。在维修工作尚不紧张的时候，温广勇便积极组织安排相应的技术培训，结合车间电气设备的实际情况以及维修人员的能力和层次制作幻灯片，搜集整理了各种培训资料，并且完成了《车间电气维修指南》一书的整理，分步骤、有针对性地完成员工培训，使维修工段的整体能力有了较为明显的提升。从设备管理的进程而言，此时基本结束了故障原因靠猜、维修靠换件、效果靠个人的状况，姑且可以先定位为1.0阶段。

玻璃纤维生产是连续性作业，炉子点火说明此后10年中所属的重点设备都要长期连续运行，如果一直是单纯的事后维修模式，是无法满足生产、质量需求的。UPS①是在线备用供电系统，是窑炉、电气重点控制设备防止供电异常的后备力量。一旦出现供电异常，不仅影响窑炉、拉丝作业，处理不及时的话，严重情况下还可能会烧坏漏板，造成巨大的经济损失。2011年之后，泰山玻纤发生过两次窑炉UPS放电故障导致两条生产线大面积的漏板断电，虽然及时处理，没有造成烧坏漏板的恶性后果，但也严重影响了拉丝作业，成丝率大幅度下降。

"生产线为什么会出现突发故障？为什么我们每次都是被动地去处理这些故障？""我们就不能把工作做到前头，给设备提高'免疫力'，让控制系统不出故障吗？"……这些问题促使温广勇及维修团队从公司赵恒刚副总经理提出的"工作前置化"的管理理念中找到方法。"工作前置化"的管理理念来源于TPM②，即把复杂或者杂乱无章的工作、项目程序化、公式化、简单化。大量的学习和揣摩，让温广勇的工作理念有了从量变到质变的飞跃。他把公司电气设备的故障维修提高到设

---

① Uninterruptible Power System，即不间断电源。
② Total Productive Maintenance，即全员设备管理。

备预防管理的高度，结合公司曾经引入的TPM理念，突破性地提出了"工作前置，预防保养"的电气设备管理新思路，并制订方案开始实施。

通过头脑风暴和调查分析，温广勇发现导致目前设备管理落后、故障率高的主要原因有：专业人才的流失、设备资料的缺失、重点设备的关注度不足、对潜在的设备事故风险缺乏预知以及重点设备应急预案的缺失等。整理并明确以上问题后，温广勇一一想出对策。首先，组建针对性更强的维修团队，从无到有、从简到繁，集零为整、化整为用；他们用半年的时间，对重点设备的资料进行了收集和整理，资料包括设备厂家、备件型号、图纸、线路、参数、保养频率、维修工具等，形成了完备的设备档案并实时更新。其次，请专业技术人员和外语人才帮忙翻译设备说明书，反复摸索每台重点设备的操作步骤和保养流程，制作了图文并茂、简单易懂的维护操作作业指导用。再次，加大设备巡检力度，完善重点设备点检表，尽可能将所有可能出现的故障扼杀在发生之前，真正做到预防保养、工作前置。另外，将"师徒帮带"与"OPL培训"方式相结合，开展维修技能培训，并通过技术比武、技能鉴定等方式，培养和发掘维修人才，在提高维修人员技术水平的同时，保证维修队伍的稳定性。如此，资料齐全，作业有章可循，人员技能水平得到了进一步提升，设备故障概率也较上一个阶段大幅降低。温广勇认为，这应该算是进入了设备管理的2.0阶段。

　　2015年之后，公司在满庄新区的几条生产线开始陆续投产，新线新设备的投入让相应的设备管理要求也变得更加严格，仅依靠工作人员的经验，在低故障的新设备上有些捉襟见肘。故障率低、经验积累相对困难，单次维修时间越长，对连续生产环节影响也就越大，这算是管理中遇到的新问题。当时温广勇想了很多方案和办法，但效果都不明显。之后的一段时间里，管理进入了瓶颈期，维修费力，收益却低，大家的积极性也在一点一点地消耗，整个维修团队有些消极，连温广勇自己都感觉无计可施了。

　　好在天无绝人之路，温广勇后来有机会听了几次设备管理的课程，其中预知性维修理念让人眼前一亮。他们目前的设备管理确实是较应急维修有了很大提升，但仍然是依据经验人为安排时间和频次进行的计划维修，而没有考虑到设备当前运行状况，就像是给人定期打过预防针，却没有定期体检，自然无法知道人体内的问题和病变，所以一有风吹草动，还是会"偶感风寒"甚至"病入膏肓"，设备管理也是同样的道理。至此，他们才恍然大悟，之前打了预防针，有一些效果，但不知道设备的实际状态，频繁施以治疗、过度维护，反而加速了故障的出现。之后，温广勇及维修团队选定重点的风机、水泵等设备，陆续上新了检测系统，该系统能实时检测这些设备的温度、振动等指标，同时生成分析报告，精准指导他们对这些设备进行辨证施治，这比上一个设备管理层次更进一步。在此基础上，对于分散在各处、不易集中数据采集的设备，他们采用手持离线检查，定期检测并指导维护，完善了整个关键设备的重点监控体系，进一步保障生产运行。设备管理3.0阶段基本搭建完成。

随着公司设备管理体系的搭建、提升，公司设备管理能力明显改善，维修维护效率逐年提升，重点设备的OEE、MTTR[①]指标也日趋稳定。一切工作都在日复一日、年复一年里无声无息地进行着，温广勇入职时的迷茫与顾虑，早已化作浮云一抹，此刻留下的，只有对未来的希冀与坚定的信念。

---

① Mean Time To Repair，即平均修复时间。

第四章　初心如磐，奋楫笃行

## 硕果累累

怀揣对未来的憧憬，温广勇在日复一日、年复一年的维修工作中没有选择停留在舒适区，而是通过积极的学习研究将手中的技术链接上时代发展的轨道。同样，在快速发展的时代里，仅提高个人能力显然是不够的，仅依靠个人推动技术发展也是不现实的。正如他说的："一棵树再高大，只能称之为树，只有许多大树聚集在一起，那才是森林。"所以无论是作为公司维修车间的负责人，还是首席技师，温广勇时刻发挥着自身优势，在岗位上尽职尽责，通过传技带徒，发挥技能人才培养的辐射作用。在他看来，这都是自己的职责所在。

回顾2012年到2015年创立劳模创新工作室的过程，可以看到的是温广勇工作上"百尺竿头，更进一步"的成果与表现。2012年，泰山玻纤在山东省与泰安市主管部门的指导下，整合企业优秀高技能人才资源，建立了以温广勇为站长的技师工作站。

在技师工作站成立之初，温广勇曾到泰安市的几个技师学院参观学习，看到他们花大价钱采购的实训平台，他很感兴趣，想着借来用一段时间，或者组织厂里的维修人员利用这些实训平台进行实操学习和评价。然而，他提出的这一想法却被几个学校不约而同地婉拒了，原因是这些设备采购费用高昂，而厂里用于维修实训这种拆卸、组对安装的工程，消耗太大，且容易出现事故。对此，温广勇与技术工作站成员都表示理解，也明白学院的顾虑，不过他们不愿放弃对那些设备的渴求。于是在一番商量后，一致认为既然借不到，那就自己开发研制，把公司现场设备的功能、器件、逻辑整合到平台上，构成相似的设备。这样一来，既解决了维修人员的实操训练需求，也兼顾到了实际的设备功能，更精准也更具实操性。技师工作站成员集思广益，夜以继日，陆续开发了拉丝机、燃烧器、物流线信号传输等相关的实验平台。这些实验平台不仅获得了国家专利，同时也使实操培训、技能鉴定跃上一个新的台阶，背后的辛苦付出可见一斑。

2012年底，温广勇针对拉丝机在线维修对生产影响大这一弊端提出设想，组建拉丝机维修基地，将影响时间长、不符合生产工艺的拉丝设备替换下来，在维修基地进行专业大修保养。焕然一新的设备逐步替换线上旧机器，通过这种方式，不仅能够达到节约设备维护时间的目的，也为维修人员学习技能、实物培训提供了动手平台。在与工作站成员充分讨论后，大家决定实施这一设想，其后生产效率果然提高了，同时还纠正了当初温广勇指出的"不坏不修"的维修弊病，维修设备的效率也有了一定保证。

⊙ 温广勇自主研发的燃气炉教学实验平台

正如那句"读万卷书，不如行万里路"，温广勇不仅着重"修"，也时刻抓住"引"。2014年，温广勇去国内和日本的设备厂家验收设备时，看到了更为精准的设备装配流程，见识了更为高效的检测手段。这些先进的方法和手段令他赞叹，他逐步将其转化成为适用于公司的设备维护标准，用于指导日常设备维护。另外，一些高效检测装备也在维修基地内配备，并实施了一些高效检测手段。这些都是技师工作站成立以来，温广勇及站内成员升级工作站技术、打下劳模创新工作室基础的重要步骤。

2014年，经泰安市人力资源和社会保障局验收合格，温广勇及站内成员共同升级的技术工作站获得了"泰安市技师工作站"授牌，并于2015年被评为山东省技师工作站。同年，温广勇被授予全国劳动模范称号，并于2016年开始享受国务院政府特殊津贴。工作站在他的带领下，以技能人才培训、玻纤生产设备维修保养、修旧利废技改创新为主要方向，不断总结改进，逐步创建了齐鲁技能大师特色工作站，并于2018年通过评审。公司每年按照职工工资比例计提职工教育经费，累计投入300多万元用于技师工作站的软硬件建设，投入120多万元用于技能人才的培训培养、鉴定考核和交流提升，这些付出极大地推动了企业的发展，工作站也为公司、行业的发展做出了突出贡献。

2015年，泰山玻纤以温广勇的名字命名建立了劳模创新工

⊙ 温广勇（前排中间）与技师工作站、劳模创新工作室成员合影

作室。

　　温广勇劳模创新工作室依托各专业技术团队，以工作室成员为核心，以师徒帮带的形式，构建了全方位、立体化的技能人才队伍培养体系。工作室建立了拉丝机维修基地，购置和制作了拉丝机作业模型、维修电工实操模拟平台等各类实验工器具，承办机械装配、电气焊等专项技术培训200余次。工作室成立后，温广勇也相继参加了一系列技术研究项目。他参与编制了玻璃纤维产品国家标准4项，国家职业技能标准1项，在国家级期刊发表论文12篇，累计荣获全国建材行业技术革新奖10项，省市科技进步奖13项。同时，还参与了编制企业内部工艺技术文件400余份，成为企业内部技术培训的核心教材。温广勇也被山东省教育厅特聘为齐鲁工匠后备人才培育导师。

　　截至2022年，温广勇所在的泰山玻纤技师工作站共有成员20人，能人辈出，先后培养出了全国技术能手刘涛，山东省劳动模范张德刚，山东省有突出贡献技师、五一劳动奖章获得者刘玉强等业内闻名的技术能手以及山东省突出贡献技师3人，泰安市首席技师5人，泰安市有突出贡献技师6人，泰安市技术能手12人，岱岳区高技能人才14人，引领了企业高技能人才队伍的快速成长。

　　这都是温广勇与劳模创新工作室成员共同努力、长期坚持的成果。带头人温广勇在工作中，始终不忘学习是第一步，传技带徒是第二步。最重要的是，他明白要想更进一步就得具备创新的发展理念，将之具体细化到维修等工作内容中。因为维修工作本身就是和机器打交道，有时修一台设备机器，工人便需要坐在那里耗费一整天的时间，所以对他们来说，手上的技术靠的是长久的耐性和日积月累的练习。而处在科技发展日新月异的今天，很多设备机器随时随地都处于变化之中，一旦脑中、手里的技术跟不上或者停滞了，那么，面对发生故障的新设备，一定是茫然忐忑的，又何谈维修呢？如果作为带头人的温广勇没有这个理念，闭目塞听，一心只求自身技术的提升，不向外看发展趋势，不与成员或青年后辈共同进步，便没有如今的劳模创新工作室，更没有此后的高技能人才队伍。

技师工作站与温广勇劳模创新工作室成立至今，温广勇及相关团队取得了许多突出成就，可以说是硕果累累。

# 荣誉不自誉

在取得一系列技术革新成果的同时，温广勇及当代许多具有劳模精神的工人们也得到了国家的肯定。2015年4月28日，庆祝"五一"国际劳动节暨表彰全国劳动模范和先进工作者大会在北京人民大会堂隆重举行。

4月27日一早，温广勇前往泰安市政府。泰安市总工会巩主席为他们送行——此次赴京参加庆祝"五一"国际劳动节大会的泰安市代表一共8人，其中有6名劳动模范、2名先进工作者。4月28日上午，温广勇同参加表彰大会的全国近3000名劳动模范和先进工作者，一起乘坐大巴车前往人民大会堂。

在前往人民大会堂的路上，长安街红旗招展，人头攒动，处处洋溢着欢乐祥和、喜气洋洋的气息。温广勇与其他劳动模范代表在万众瞩目下，逐一走下汽车，周围的快门声响成一片。当宏伟壮观的人民大会堂巍然屹立在温广勇的面前时，他觉得自己伸脚踏出的每一步、踏上的每一处地面都是庄严肃穆的，映入眼帘的每一幕都无比神圣。到了门口，大家遵循工作人员的引导依次进入会议大厅就座。

坐在人民大会堂大厅内，温广勇十分激动，他感叹道："以前只在电视上看见过人民大会堂，现在自己竟然坐在了这里！"此时，内心的激动与紧张交替着，在抬头看向会堂上方的灯光时，他仿佛一瞬间又回到了公司，回到了自己最熟悉的车间，回到了领导和同事们身边。周围都是来自全国各地的劳动模范，每个人都穿着朴素，面色平和，温广勇的心慢慢平静下来，平和淡然地与其他人微笑交谈。他明白自己并不是代表个人而来，在他的身后还有泰山玻纤，还有7000泰玻人，还有父母、妻子和孩子，所以他不必紧张，他应为此感到骄傲与自豪。

上午9时50分，在轻快的音乐声中，党和国家领导人步入会场，所有人员起立鼓掌，全场响起雷鸣般的掌声。当时，温广勇感觉自己的心仿佛要跳出来了，他只好用一次次深呼吸来平复紧张激动的心情。上午10时整，大会在庄严肃穆的国歌声中开幕。长春轨道客车股份有限公司转向架制造中心电焊工李万君代表全国劳动模范和先进工作者宣读了倡议书，向全国广大劳动群众发出倡议，用劳动为实现中国梦添砖加瓦，在推进"四个全面"伟大实践中建功立业，争做有智慧、有技术、能发明、会创新的劳动者。

随后，在热烈的掌声中，习近平总书记发表了重要讲话。温广勇印象最深的便是关于荣誉的内容："荣誉是继续前行的动力。广大劳动模范和先进工作者要珍惜荣誉、再接再厉，爱岗敬业、争创一流，用工人阶级的优秀品格、模范行动引导和

⊙ 2015年4月28日，温广勇在北京参加全国劳动模范和先进工作者表彰大会

鼓舞全体人民，再立新功、再创佳绩。各级党委、政府和工会组织要做好劳模管理服务工作，为他们干事创业创造环境和条件，更好发挥劳模的榜样、示范、引领作用。"

听完总书记的讲话，温广勇的内心久久不能平静。作为一名普通工人，他只是在岗位上完成了自己本应该完成的工作，却获得这样的殊荣，这和国家重视劳动、崇尚劳动、大力弘扬劳模精神的伟大决定是分不开的。能获得如此殊誉，能有幸进入人民大会堂金色大厅，也和所在企业近年来的飞速发展、影响力的提升以及长期以来注重职工队伍的建设分不开。温广勇衷心地感谢国家、感谢各级领导和企业，也感谢与自己在一起日日夜夜奋斗的同事们，还有愿意包容、支持自己工作的父母与妻子。

两天的行程，紧张又忙碌，短暂又漫长，梦幻又真实。温广勇在时间紧迫、行程紧凑之间几乎没有喘息的机会。回到公司后，他仍然有一种不真实的感觉，似乎只是从公司到北京走了一遭，什么都没发生。但是，在人民大会堂里等待的每分每秒，那些无法抑制的紧张与激动又是如此令人印象深刻。每每看到身上的绶带、奖牌，面对公司领导的勉励、同事的祝贺，他又觉得这一切是那么真实。对于获奖，他深知，正是公司的高速发展作为强大后盾，还有领导、同事、家人的支持，自己才能够有更多时间与精力投入工作中，并且学习到更多技术理论，从而获得国家的肯定。

　　4月28日下午，泰山玻纤所隶属的中国建材集团的相关领导在集团总部会见了从人民大会堂接受表彰后归来的王军梅和温广勇，祝贺他们光荣当选全国劳动模范。领导们首先祝贺了两个人获奖，接着对王军梅和温广勇在各自岗位上表现出的恪守职业规范与责任、甘于付出的奉献精神，勤于思考、勇于实践的创新精神，不辞辛劳、不畏挑战的拼搏精神以及为集团改革发展做出的突出贡献给予了充分的肯定。同时，号召集团及子公司全体员工向温广勇等劳动模范学习，弘扬劳模精神、工匠精神，树立起勤劳诚实劳动、创造性劳动的发展理念，积极营造"三个先进"，即学先进、赶先进、当先进的氛围，以坚定的信心、饱满的热情与扎实的脚步，在平凡的岗位上创造不平凡的成绩，为集团持续健康发展做出更大贡献。最后，勉励温广勇和王军梅继续发扬劳模精神，发挥好模范带头与传帮带作用，为集团及子公司的改革发展做出新的贡献。

　　获奖归来后，温广勇受泰山学院邀请向师生传达劳模精神与工匠精神。2015年5月19日晚，温广勇在泰山学院做个人事迹报告，文学与传媒学院相关教师及学生代表共计200余人参加了本次报告会。报告会上，温广勇简要介绍了党中央、国务院对全国劳动模范的表彰情况，主要回顾了自己的学习和成长经历，并介绍了创新的工作方法和团队业绩。他语重心长地告诉年轻人："不要想着一蹴而就，只有坚持努力学习并勤于实践，在岗爱岗并秉持创新理念，才更有可能成为某个岗位的

⊙ 2020年3月26日，温广勇参加2020齐鲁大工匠颁奖
晚会

⊙ 2023年，温广勇参加第十四届全国人民代表大会

'活字典'。"朴实的话语中透露出的爱岗敬业、争创一流、艰苦奋斗、勇于创新、淡泊名利、甘于奉献的劳模精神深深感染了在座的每一位听众。

获评全国劳动模范后，温广勇并没有止步不前，而是依旧保持着获奖前的工作状态，在接下来的几年里又获得了更多的肯定。泰安市岱岳区融媒体中心评价温广勇："精于工、匠于心、品于行，用工匠精神诠释了一名技术工作者的责任与担当。只有像温广勇这样胸怀匠心、履践匠行的人，才能为中国制造累积盛名，让民族复兴破浪前行。"2018年，温广勇被评为齐鲁首席技师。2020年，荣获齐鲁大工匠荣誉称号。

2020年3月26日晚，2020齐鲁大工匠颁奖典礼暨首届山东省全员创新企业发布仪式在济南举行。主办方给温广勇的评语是："点石成丝，助力嫦娥登月；潜心研发，创造新材料国产新速度。温广勇，玻璃纤维机械的'活字典'，全新设计打破国外技术垄断，尽展大国工匠的风骨。"2023年1月18日，山东省第十四届人民代表大会第一次会议选出山东省出席第十四届全国人民代表大会代表173名，温广勇位列其中。之后，他便更加关注团队发展与国家政策的接轨。例如，在泰安市税务局党委委员、总会计师李琪勋前来走访时，温广勇也向其感慨道，现在国家不仅在理念层面强调创新精神的重要性，更在实践中落实，税收优惠政策更是帮助了自己与团队在自主创新的路上更加有信心与底气："作为一名企业技术人员，我十分关心设备升级和技术改造相关的税收优惠政策，通过落实相关政策可以帮助我们加大资金投入，从而自主研发更多适合企业的生产设备、生产工艺。我们深入了解掌握了研发费用加计扣除、新购置器具减免所得税等政策后，感觉就像吃下了定心丸，让我们没有后顾之忧，可以放开手脚，全力冲刺了。"同年4月24日晚，齐鲁最美职工发布仪式正式举行，共评选出10位齐鲁最美职工，温广勇就是其中一位。官方认为他扎根一线、秉持拼搏的精神和永不言败的匠心，用实干成就梦想，在平凡中彰显不凡。

接连的荣誉并未使温广勇陷入自满、自大，相反，无论是在技师工作站还是在劳模创新工作室，他始终是那个身穿蓝色工作服，来回穿梭于维修基地、生产设备间与工作室的普通工人。在同事眼里，温广勇是负责任、有能力且谦虚的带头人；在徒弟们眼中，温广勇一直是那位即使荣誉加身，却不减一丝责任与亲和的好师傅。

一个徒弟回想起，某天公司窑炉电助熔系统高压送电失败，维修班班长让他去请师傅温广勇协助指导。他来到工作室，说明情况，温广勇立即放下手头的工作，叫上几位同事，一起匆匆赶往事发地点。路上，温广勇一边了解送电失败的详细情况，一边请另几位同事准备维修工具，迅速安排好分工。到达事发地点后，温广勇迅速组织人员开始处理。

公司设备的窑炉用于烧制陶瓷器物和雕塑或令珐琅熔合到

⊙ 2023年，温广勇获齐鲁最美职工荣誉称号

⊙ 温广勇在现场查阅图纸资料

⊙ 2019年，外来职业院校教师、应届毕业生参观劳模创新工作室

金属器物表面，一般用砖和石头砌成，根据需要可以制成不同大小各种规格，可采用可燃气体、油或电来运转。窑炉电助熔系统送电失败，导致窑炉底达到80多摄氏度的高温。当时，温广勇二话没说，带着几个年轻徒弟一头钻进管道复杂的窑底，顾不上里面的高温辐射，只想弄清楚故障在哪里，应该怎么解决。经过一个多小时的反复检测、校对，他们终于发现，原来是因为水套冷却风管和周围钢结构有轻微接触，造成接地电流大从而合闸失败，才导致了送电失败，于是立即进行了维修。故障排除后，温广勇立刻启动送电，及时保障了窑炉系统正常运行。系统运行成功后，刚经历过高温环境的温广勇师徒几人，确认一切正常后，总算松了一口气。温广勇一边擦掉头上的汗，一边笑着对徒弟们竖起大拇指。随后，他和徒弟们复盘了修理过程，又将电助熔系统安全联锁、合闸控制逻辑逐一讲解给徒弟们听。

作为师傅，温广勇耐心且谦虚。他理解徒弟们工作中遇到的困难，愿意及时帮助他们解决，但又不是完全"无私"地帮助。他既在实操中带徒弟一起亲身体验，又在解决问题后复盘总结经验，同时鼓励他们自己尝试操作。

近年来，温广勇及劳模创新工作室不仅提高了拉丝机等设备的维修水平，推动了公司的发展，还与泰安市的职业院校达成了合作协议，帮助培训、指导院校学生。2019年，温广勇和同事们在工作室里接待了外来职业院校的老师和毕业生们的参

⊙ 2020年2月，温广勇（右二）驻守公司进行设备排查和人员培训

观学习。当时，温广勇穿着蓝色工作服，毕业生们穿着迷彩服，大家的着装都十分朴素。由于即将走上工作岗位，又有来参观工作室的好机会，所以，毕业生们在听温广勇讲解时非常认真。他们时不时会提出自己的疑问，温广勇结合实际，用简明易懂的语言解答他们的问题。工作技术上的交流碰撞并非仅限于前后辈间，还有同事们，温广勇享受着与他们沟通设备维修技术的交流过程。

温广勇除了完成本职工作，帮助同事、徒弟们维修设备外，还常在维修拉丝机之余对拉丝机进行改造。另外，在2020年疫情防控期间，温广勇驻守公司，与同事一起排查设备和培训工作人员。

进入泰山玻纤十几年，温广勇先后带徒弟20多人，向许多院校的学生分享了自己的工作经历，传递了劳模精神与执着专注、精益求精、一丝不苟、追求卓越的工匠精神。与同事、徒弟的合作和相处更显示出温广勇的耐心、谦虚与责任感。同时，面对那些响当当的荣誉，他看得很淡。即使在获得了诸多荣誉后，温广勇仍然不"自誉"，他将荣誉看作是肯定与鞭策，更是希冀与责任，坚守着自己扎根一线的拼搏进取精神和精益求精的匠心。

# 永恒的工匠精神

2020年11月24日，习近平总书记在全国劳动模范和先进工作者表彰大会上的讲话指出："在长期实践中，我们培育形成了爱岗敬业、争创一流、艰苦奋斗、勇于创新、淡泊名利、甘于奉献的劳模精神，崇尚劳动、热爱劳动、辛勤劳动、诚实劳动的劳动精神，执着专注、精益求精、一丝不苟、追求卓越的工匠精神。""执着专注、精益求精、一丝不苟、追求卓越"生动概括了工匠精神的深刻内涵，激励了广大劳动者走技能成才、技能报国之路，立志成为高技能人才和大国工匠，这也是温广勇一直以来对自身的工作要求。

回顾前半生，温广勇在造纸厂工作10年，从懵懂学生到职业工人，从刚参加工作时的生涩到愈加熟练的技艺。这10年间，他始终专注自己的工作，认真学习维修技能，并在这里找到了一生的伴侣。之后来到了泰山玻纤，同样本着执着专注的精神，他从2002年开始在这里奋斗至今，其间遇到过许多困难，不过一如既往的，他没有放弃也没有借着资历当"甩手掌柜"，反而坚持不断学习磨炼，尽责地完成本职工作，专注岗

⊙ 2020年，温广勇（右二）在公司第四届通用工种技能大赛电气控制赛场检查指导

位创新。

不骄傲、不满足、不凑合、不认怂，这四个"不"始终是温广勇作为工匠的精益求精的态度。所谓精益求精，首先体现在自身的技术上，温广勇作为维修带头人，其维修技术专业而娴熟。此外，他还虚心学习更多先进的知识与技艺，同时带领团队培训学习，共同进步。其次，恰如他在得知自己当选第十四届全国人大代表后说道："对制造行业来说，技能人才很重要。尤其是这几年我在管理岗位，感受到了企业的快速发展和对人才的迫切需求。"追求精益求精远不仅在个人，还有人才的培养，因此，温广勇结合自身工作，将目光投向职业技术教育和农民工职业素养提升两个方面，抓住一切机会收集记录，掌握第一手材料，为提出高质量的意见和建议做准备。

将追求精益求精的态度落实到实际工作中，温广勇开始了长期的努力。在公司，他与同事们钻研、商讨，共同编著相应的教材用于教学培训。维修后，他会及时复盘，记录每次故障的原因，以应对下次出现类似的状况。另外，对技术人才培养过程中出现的问题，温广勇同样一丝不苟。近年来，企业和职业技能学校建立了校企合作，共建冠名班，为企业培养输送技术人才，企业也建立了专门的留人、用人、选人制度，让技能人才能够留得下来。在和职业技术院校的接触中，温广勇发现了一些问题。职业教育和企业需求难以"同频共振"，职业教育同产业发展"契合度"较低。针对这些问题，他担起中间桥梁的作用，通过前往各院校宣讲，将企业所需的最新要求传达给院校师生，同时开展调研，了解院校师生的学习情况并整理成报告汇报给企业领导，尽力破除两者之间的壁垒。

建材行业是支撑工农业生产、基础设施建设等国民经济发展的重要基础原材料产业，许多从事这个行业的工匠花费了大量时间和精力，将产品质量提升到一级比一级高的水平，追求卓越，向着更好、更精的方向奋进。温广勇何尝不是如此呢？在培养职业人才方面，温广勇同样履行着追求卓越的工匠使命。他发现虽然社会对职业教育的重视度提高了，培育的相关人才数量也逐年增多，但学校的专业设置、课程体系、实习实训与产业发展需求却未能实现有效衔接，大部分学生对企业认知少，动手能力较差。在和职业院校的交流中他还发现，院校的一些教材和企业的实际需求相比较为滞后，实操设备也存在老旧落后的现象。那么，在技术飞速发展，数字化、网络化、智能化不断演进和更新的今天，高职院校究竟应该给社会输送什么样的人才？如何让人才更加契合社会的真正需要呢？温广勇认为，应该加强校企融合，企业和职业院校各往中间走一步，更新教材、设备，加强培训，积极应对新变化、新方式、新技能等共同挑战，培育新时代的技术人才。

工匠精神的另一核心要素是创新精神。2020年，习近平总书记在企业家座谈会上指出："……百业艰难，但危中有机，唯创新者胜。"温广勇在追求自身技术进步的同时还关注人才培养，正是因为他意识到了现代工业条件下，传统的"师带徒"延续了祖传工艺技法，但面对先进的机械设备时却有些棘手。实际上，传承与创新应当密不可分，这也恰恰回答了他为何不断自我学习、培训新晋工人的问题。2022年4月27日，首届大国工匠创新交流大会在北京召开，以温广勇名字命名的"温广勇劳模创新工作室"是此次职工创新技术成果之一。工作室改革创新，迎难而上，先后培养了诸多人才。这一过程中，温广勇坚持创新，攻坚克难，改造了公司淘汰下来的老旧拉丝机，让78台拉丝机重新登上生产舞台，为公司创造效益2580万元。

如今，"执着专注、精益求精、一丝不苟、追求卓越"的工匠精神的深刻内涵激励了各个行业与群体的广大劳动者走技能成才、技能报国之路。今天，我国进入高质量发展阶段，这既需要广大劳动者在岗位上弘扬劳模精神、劳动精神与工匠精神，对自身技术提出更高的要求，也需要他们在搭建出的更为广阔的舞台上施展才华。工匠精神就是将每个平凡、普通的岗位上的事情做到极致。

温广勇获得荣誉的背后体现的正是对工匠精神的坚持。尽管有着三十几年的工作经历，但他仍然清晰地记得刚毕业进入造纸厂和28岁那年去泰山玻纤面试的两个场景。前者是初次参加工作，承载了青春的印迹；后者则是他真正面临考验的第一道关卡。温广勇曾在采访中向记者笑谈，自己当初从造纸厂来到泰山玻纤，说得好听是跳槽，倒不如说是工作单位倒闭，他迫于生计换工作。记得那时，他拿着简历去应聘，十年的工作经验与过硬的基本功让他赢得了面试官的一致认可。进入泰山玻纤，他发现不管是拉丝机等设备还是生产系统的操作，自己都没法儿称得上娴熟，很多技术都得从头开始学。经过多年勤学苦练，他的专业知识和操作技能得到了进一步提升，也锻炼出了优秀的团队管理能力。这个过程中，温广勇一直明白自己担负的责任。因此，在2016年成为泰山玻纤设备动力部副部长后，他从未放下责任感，而是将之延伸到职业教育，借助以他的名字命名的"温广勇劳模创新工作室"平台，培养出更多技能人才。是责任，让温广勇有信心脚踏实地干好每一项工作，让他有勇气去面对波折、磨炼和无数个不眠之夜，也让他学会了谦虚、谨慎、戒骄戒躁。从初试维修到为亲戚邻居修家电，再到造纸厂的十年磨砺，最后到泰山玻纤的进步及如今的诸多荣誉，温广勇始终不忘学习进步。对于维修，他未觉烦琐枯燥；对于公司、同事与家人，他充满感激、感动与感恩。执着专注、精益求精、一丝不苟、追求卓越的工匠精神在温广勇从最初的门外汉到成为别人口中"活字典"的过程中体现得淋漓尽致。

一直以来，国家都在弘扬劳模精神、劳动精神与工匠精神。2022年10月16日，党的二十大报告中再次提到了弘扬劳动精神、奋斗精神："统筹推动文明培育、文明实践、文明创建，推进城乡精神文明建设融合发展，在全社会弘扬劳动精神、奋斗精神、奉献精神、创造精神、勤俭节约精神，培育时代新风貌。"这些精神与工匠精神都是民族精神与时代精神的生动体现。如果说战争年代不怕牺牲、敢于抗战的斗争精神是民族精神与时代精神的主要体现，那么在当前以实体经济为重点的建设时代里，工匠精神愈加绽放出穿越时空的永恒魅力，高度契合了现今社会的发展趋势。弘扬工匠精神，激励了广大青年走技能成才、技能报国之路，加快建设知识型、技能型、创新型劳动者大军，为全面建设社会主义现代化国家提供有力的人才支撑。

自获评全国劳动模范以来，温广勇在弘扬与发展工匠精神与劳动精神的道路上从未停下脚步。当选为全国人大代表后，他结合本职工作以及一直以来关心的职业教育问题，在全国两会上提交了深化职业教育改革，培育新时代技能人才的建议和提升农民工职业技能素质，实现城乡经济共同发展的建议。正如温广勇所言："随着国家制造业持续快速发展，产业体系不断独立完善，各类应用型、技能型人才需求量巨大，职业教育作为教育体系的组成部分，是促进就业、传承技能的重要途径。"

两会结束后，温广勇回到岗位，专于本职工作的同时，继续关注着技术发展、职业教育等社会问题，这也是其弘扬劳模精神、劳动精神与工匠精神的现实体现。

温广勇的故事在这里按下暂停键，但无论现在还是未来，他所展现出的劳模精神、劳动精神、工匠精神，既会继续鞭策他取得更多成绩，更会在人类文明发展的历史长河中继续发挥重要作用。

# 附录：山东省劳模工匠宣讲

## ——温广勇：选择与坚持

大家好！

我叫温广勇，是泰山玻璃纤维有限公司设备动力部部长。我宣讲的题目是《选择与坚持》。

我刚毕业那会儿是1992年，刚好18岁，从泰安市化工技校仪表专业毕业分配到泰安市造纸厂，能成为一名合格的维修电工就是我的工作目标。到泰山玻纤那一年，我28岁。虽然那时我已经有了一定的工作经验，可一进公司我发现，一切还要从零开始。

玻纤生产的核心是窑炉，控制窑炉的DCS系统关联着上千个控制点。直面这样大型的控制系统，我也曾产生了打退堂鼓的心思，好在我的师傅对我进行了系统性的指导，特别是具体到维修实践，更是手把手地教。周围的同事也积极地帮助，使我很快对设备的运行原理有了较好的掌握，个人弱电维修的技能得到了进一步提升。

拉丝机是我们公司的核心设备，数量多，控制精度高，直径微米级的玻璃纤维就是在该设备上最终成型。之前公司主要依赖进口拉丝机，但它价格很高。记得有一年，一台德国产的拉丝机突然出现故障，根据之前的经验，我和同事们花了很长的时间都没有找到故障的原因。我们联系了德国专家，但是得到的答案却让我怎么也高兴不起来。因为德国专家仅仅是从设计角度给了我们一些常规的提醒，他所讲的内容，我们早就排查完了。求人不如求己，我们思路一转，从正常运转的拉丝机上下功夫，对照故障设备进行排查。在核对每个轴的反馈值的时候，我发现其中一个轴的反馈值和设定值有偏差，我们立马进行了参数调整，并通过参数最终查到了故障器件。经过维修替换后，设备终于正常运行了，我们后期的工作也就集中到了对核心控制的学习和摸索上，并最终掌握了该类型设备的全部控制逻辑。

2017年，因为故障率比较高，老厂区淘汰下来一批拉丝机。我感觉长期放置太可惜了，加上之前我们已经积累了一些经验和控制逻辑，我就萌生了升级改造旧拉丝机的想法。从方案提出到上线落地，整个过程接近一年半的时间，过程中我们遇到了器件选型、工艺结合、参数整定等大量的难题，但最终在攻关小组的努力下，一套更精准、更易用的拉丝机控制程序应运而生，整套设备也成功上线。在之后两年的时间里，我们团队改造的拉丝机被用于公司多条新建的生产线，共计为公司节约投资2700余万元。随着工作经验与个人能力的不断提升，我先后被任命为维修车间主任、设备动力部副部长、部长，在公司内部还以我的名字命名建设了劳模创新工作室。近年来，工作室先后培养出全国技术能手、省劳动模范、省有突出贡献技师等优秀技能人才43人，我先后获得全国劳动模范、齐鲁大工匠等荣誉。但是，我清楚地知道，如果没有泰山玻纤这个大家庭，没有师傅手把手地帮带，没有同事们的倾囊相授，就绝没有我今天的成绩。作为技师工作站领衔人，通过传技带徒达到技能人才培养的辐射作用，是我的更高目标。

回顾自己的成长历程，我从一名技术经验匮乏、毫无管理经验的岗位新人成长为部门负责人，从一个籍籍无名、默默无闻的技工逐步成长为齐鲁大工匠，我深刻地感悟到唯有用知识武装自己，用技术奉献企业，才是我们技能工人的成才之路。身为一名基层的高技能工人，一名共产党员，我将继承和发扬党的优良传统，强化责任意识、担当精神，勇做新时代泰山"挑山工"！